날마다
보자기
포 장

박진숙(제이홈) 지음

다기장
마자
날보
포

소소한 물건에 특별함을 입히다

재승출판

선물 같은 일상,

보자기와 만나다

어설픈 손바느질로 만든 저의 첫 보자기는 한복을 짓는 언니의 집에 가득 쌓여 있던 원단을 활용한 것이었습니다. 가위질을 하고 남은 자투리여서 둥글고 세모지고 네모진 각양각색의 조각이었는데, 그것들을 잔뜩 싸 들고 와서 퍼즐을 맞추듯 하나하나 이어 붙이고 다림질해서 보자기를 만들었습니다. 그러고는 사과와 시나몬으로 만든 잼을 포장할 때 쓰기도 하고, 송편을 담은 합을 포장해서 친구에게 선물하기도 했습니다.

그렇게 보자기와의 인연이 시작되었습니다.
오랫동안 의류회사에 다니며 다양한 원단을 접했던 경험은 큰 도움이 되었습니다. 보자기를 만들고, 보자기로 포장하는 작업은 그동안 해왔던 일의 연장이면서 동시에 완전히 새로운 일이었습니다. 새로운 원단을 만나 설레고, 독특한 매듭을 만들어 또 설레고, 예쁘게 포장하며 또 설레고….
보자기를 만난 뒤로 일상에 설렘이 가득해졌습니다.

보자기 포장의 가장 큰 매력은 정해진 답이 없다는 것입니다. 틀어지면 틀어지는 대로, 실수하면 실수하는 대로 그것 자체가 새로운 것을 만들어가는 과정이 됩니다. 그 안에 나만의 감성을 담아내는 것이 보자기 포장의 매력입니다.

이 책에는 주변에서 쉽게 구할 수 있는 물건이나 생활용품, 음식 등을 포장하는 과정을 담았습니다. 보자기 포장에 쓰인 원단은 온오프라인에서 쉽게 구할 수 있고, 처음 접하는 사람도 잘 따라 할 수 있도록 평상시에 쓰임이 많은 포장을 다루었습니다. 유연성이 좋은 보자기의 특성상 꼭 이런 소재여야 한다는 규정은 없습니다. 그렇지만 소재에 따라 매듭이나 포장의 완성도와 느낌이 달라지므로 개개의 포장에 어울리는 원단의 소재와 두께를 예시해 두었습니다. 소소하고 평범한 물건에 보자기를 더해 특별하게 만드는 것, 선물을 주는 사람처럼 받는 사람도 보자기를 통해 더 설레기를 기대해봅니다.

연초에 시작한 작업이 한 해의 끝에 다다라서야 마무리되었습니다. 오늘은 외식, 내일은 회식, 늘 밖의 밥을 먹게 해서 미안해하던 저에게 밖의 밥이 더 맛있다며 응원해준 남편, 마음이 흐트러질 때마다 잘하고 있다며 토닥토닥해준 승윤 선생님, 저의 부름에 냉큼 달려와 책 속의 모델이 되어준 남희. 모두 고맙습니다. 생각해보면 고마운 분들이 너무나 많습니다. 느리고 느린 저의 속도를 이해해주고 지지해준 재승출판의 따뜻한 분들께도 고마움을 전합니다. 그분들 덕분에 저의 첫 책을 잘 마무리할 수 있게 되었습니다.
보자기를 만난 뒤로, 보자기를 통해 만난 좋은 분들과 함께여서 가능한 일이었습니다.

이 책이 여러분의 일상을 조금이나마 설레게 하는 데 도움이 되었으면 하는 바람입니다.

하나,

보자기의 모든 것

둘,

나만의 보자기를 만들다

셋,

평범한 물건, 특별해지다

넷,

열두 달 기쁜 날

다섯,

특별한 어떤 하루

하나,

보자기의 모든 것

보자기에
쓰이는 천

보자기 포장을 하면서 중요시 여겼던 부분은 대상과 잘 어울리는 소재를 찾는 일이었습니다. 보자기의 소재로 고정되어 있던 원단으로 작업하기보다는 포장할 물건에 적합한 소재를 찾는 데 더 집중했습니다. 보자기 포장이 선물을 단순히 예쁘게 보이게 하는 역할로 끝나는 것이 아니라 하나의 결정체로 완성될 때 더욱 돋보이기 때문입니다. 예를 들어, 칠순 잔치 답례품을 광목으로 포장한다고 했을 때 젊은 사람들은 내추럴한 소재를 예쁘게 느끼지만 연세가 있는 분들은 전혀 그렇지 않습니다. 생활환경에 따라, 나이에 따라 원단에 갖는 이미지는 천차만별입니다. 따라서 선물을 둘러싼 환경, 즉 선물을 주고받는 사람의 상황을 반드시 고려해야 합니다.

여기서는 보자기를 제작할 때 알아두면 좋을 섬유의 종류를 정리해두었습니다. 써야할 원단, 제한해야 할 컬러, 포장에 적합한 두께, 봉제의 용이성 등 소재의 특성을 조금만 알면 보자기의 제작과 포장이 훨씬 수월해집니다.

면과 리넨

면은 목화나무의 면화, 리넨은 마의 줄기로부터 얻어진 섬유입니다. 실의 굵기에 따라 '수'로 원단의 두께를 표시하는데, 보자기는 20~30수 정도로 제작하는 것이 좋습니다.

면은 재직 또는 편직 후 가공하지 않은 상태의 생지부터 발호, 정련, 표백, 워싱, 염색 등의 처리 과정을 통해 소품이나 의류에 폭넓게 사용됩니다.

리넨은 바람이 잘 통하고 까슬까슬하기 때문에 여름 의류나 침구류 등에 쓰입니다. 모시와 삼베에 비해 구김이 덜해 세탁 후 물기가 남은 상태에서 잘 털어 말리면 다림질을 하지 않아도 됩니다.

광목

가공 전의 생지로서 풀을 먹이거나 표백한 것 등이 있으며, 자연스러운 느낌과 다양한 두께 때문에 주머니, 손수건 등으로 쓰입니다.

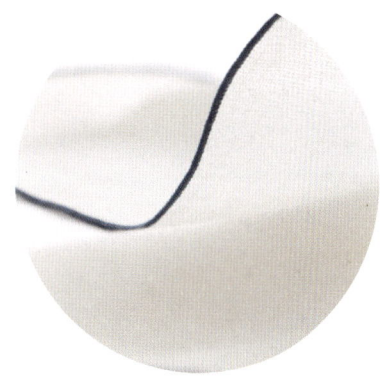

소창

매우 성글게 짜여 있는 평직으로, 통기성이 좋아 물 흡수력이 좋고 건조가 빠릅니다. 원단의 먼지 날림이 적어 풀기 제거와 정련 과정을 거친 후 행주, 주머니 등으로 쓰입니다.

삼베

대마 껍질에서 뽑아낸 실로 만들며, 항균 기능이 있어서 미생물 번식과 곰팡이 서식을 방지합니다.

모시

저마 껍질의 섬유로 만들며, 결이 섬세하고 광택이 좋고 우아합니다. 습기의 흡수와 발산이 빨라 여름철 한복감, 커튼, 손수건 등으로 쓰입니다.

폴리에스테르

광택과 질감은 천연섬유와 유사하면서 구김이 적고, 물세탁이 쉬우며, 비용 절감 등의 효과가 있는 합성섬유입니다.

슬러브

실의 굵기가 일정하지 않고, 군데군데 실을 연결한 듯한 마디가 있는 게 특징입니다. 경사와 위사의 굵기가 다르고 결여도가 낮습니다.

화섬공단

공단은 실크로 짜여 한복감으로 주로 사용되었으나, 최근엔 인조섬유를 원료로 제직한 화섬공단으로도 만들어집니다. 앞면은 광택이 나고 표면이 매끄럽습니다.

물산탄

두께감과 광택이 있으며, 위사 방향으로 불규칙한 슬러브가 보입니다. 평직의 특성인 빽빽한 짜임으로 내구성이 강하며, 조금 거친 면이 있습니다. 한복의 안감으로 쓰입니다.

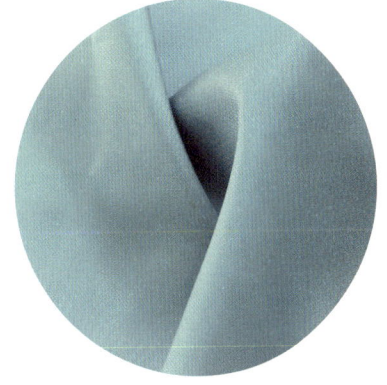

물명주

실크명주의 대용으로, 광택이 좋습니다. 평직으로 얇게 제직되었습니다.

실크

누에고치에서 뽑은 실로 짠 섬유로, 본견이라고도 합니다. 가볍고 질기며, 염색 시 발색이 좋은 고급 원단입니다. 특유의 우아한 광택과 부드러운 촉감이 특징입니다. 다만 구김이 많고 햇빛이나 물에 약해 관리가 어렵습니다. 가격대도 다소 높은 편이어서 보자기를 대량으로 제작할 때 부담이 될 수 있습니다.

비침이 있는 소재

오간자, 시폰, 망사, 레이스, 폴리 노방 등은 내용물이 비치는 특징이 있습니다. 패키지의 디자인을 보여주고
자 할 때 사용하기 좋습니다.

구분

단(緞)

바탕은 씨실과 날실을 같은 색으로 짜고, 문양은 두 가지 이상의 실을 꼬아서 짜서 두께감이 있고, 화려한 것이 특징입니다.

사(紗)

평직과 사직을 혼합하여 제직하며 거칠고 성글게 직조하기 때문에 견고성은 다소 떨어집니다. 여름 한복이나 이불 소재로 쓰입니다.

 도움 단과 사를 구분하면 소재의 두께를 예측할 수 있습니다. 예를 들어, 원형단은 원형 무늬가 들어간 양단이고, 모란사는 모란꽃 무늬가 들어간 갑사입니다.

혼방

면과 리넨, 면과 레이온 등 제직할 때 두 가지 이상의 실을 섞어서 만든 섬유입니다. 실의 소재를 달리하거나 경사, 위사를 다른 두께로 직조하기도 합니다. 각각의 소재에 있는 단점을 개선하여 관리의 용이성과 내구성 강화, 비용 절감 등을 목적으로 혼방 소재를 만듭니다.

면+리넨

잘 구겨지고 뻣뻣한 마직물의 단점을 보완하거나 리넨의 함유량을 높여 특유의 질감을 살리기도 합니다.

리넨+폴리

폴리에스테르의 장점인 구김 회복력과 물에 잘 수축되지 않는 성질은 살리고, 통기성이 좋지 않은 단점은 리넨이 보완해줍니다.

리넨+레이온

차르르 떨어지는 맛과 유연한 감촉이 우수한 레이온의 특징을 살려, 리넨과 혼방 시 내추럴하면서 고상한 색감이 강해집니다.

면+폴리

TC라고도 불리며, 면의 내추럴한 색감과 폴리에스테르의 구김이 적고 강도가 높은 장점을 합한 원단입니다.

가공

염색

원사를 염색한 후 제직하는 선염 방식은 자연스러운
색감이 특징입니다. 제직한 후 염색하는 후염 방식의
경우, 염색할 때마다 조금씩 색이 달라질 수 있습니
다. 가먼트워싱, 바이오워싱 등 약품을 넣어 색상을
만들거나, 일부분을 실로 묶은 후 염색하기도 합니다.

날염

원단에 무늬를 표현하는 방식으로, 원단과 염색제의
종류에 따라 다양하게 표현할 수 있습니다.

자수

원하는 무늬를 컴퓨터에 입력하여 기계로 자수를 놓
아 제직합니다.

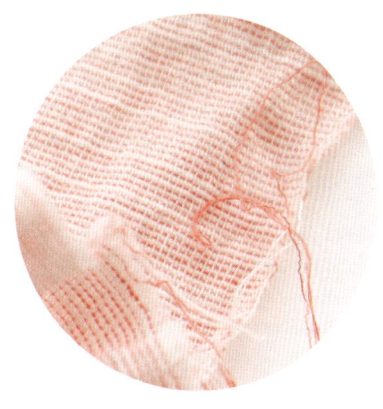

직조 방식

평직, 능직, 수자직 등으로 교차 방식이나 두께, 종류 등을 달리하면서 직물의 결을 결정합니다. 방식에 따라 소재의 견고성, 질감, 광택 등이 다르게 나타납니다.

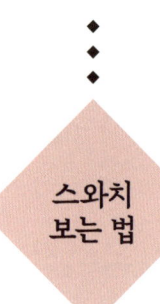

스와치
보는 법

시장에서는 마 또는 야드 단위로 원단을 잘라서 판매합니다. 원단에
대한 정보가 들어 있는 스와치(샘플견본)를 살펴보고 색상이나 소재
를 선택하는 것이 좋습니다.

폭

원단을 제직하면서 롤 형태로 돌돌 말아서 완성하는데, 롤을 길게 세웠을 때 길이가 '폭'입니다. 스와치에는 인치(inch)로 표기되어 있습니다. 44″(44inch)의 경우, 그 원단으로 보자기를 만들 때 최대 크기라고 생각하면 됩니다.

소재

원단별로 소재에 대한 정보가 기재되어 관리하는 방법을 알 수 있습니다. 보통 면은 C, 리넨은 L, 혼방 소재의 경우에는 CR(면+레이온), CT(면+폴리) 등으로 표기되어 있습니다. 업체마다 다르게 표기하기도 합니다.

두께, 직조, 염색

면과 리넨의 경우 두께가 10수, 30수 같은 숫자로 표기되어 있고, 직조와 염색 방법도 나타나 있습니다. 같은 30수 면100% 소재라도 워싱과 직조에 따라 다르게 느껴지기도 합니다.

가격

1마=90cm로 고정된 폭에 비례하여 원하는 길이로 구매할 수 있습니다.

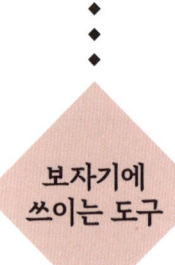

보자기에
쓰이는 도구

3

4

3

Hot Melt Band
Youngil
YP-20D
100Yard
YOUNG IL BANPOLL. CO.

6

5

5

2

7, 8

5

10

11

9

1

1   **재단가위** 가위에 따라 용도가 다르므로, 천을 자를 때는 꼭 재단가위를 씁니다.

2   **쪽가위** 실을 정리할 때 사용합니다.

3   **시접자, 줄자** 천의 길이를 재거나 맞출 때 필요합니다.

4   **바느질 실** 단면 보자기를 말아서 박을 때, 양면 보자기의 창구멍을 막을 때 씁니다.

5   **자수, 와펜** 보자기를 장식할 때 사용합니다. 접착테이프가 붙어 있는 것은 다리미 열로 원단에 부착하고, 테이프가 없는 경우엔 손바느질로 달아줍니다.

6   **시접테이프** 다리미로 열을 가하면 녹으면서 원단 위에 붙어서 창구멍 등을 깔끔하게 막아줍니다.

7   **갈무리용 막대** 나무젓가락이나 뜨개질용 대나무 바늘로, 천이 밀리는 것을 정리해줍니다. 대나무 바늘이 너무 얇으면 천이 상할 수 있으므로 6호 정도가 적당합니다.

8   **폴더** 큰 상자를 포장할 때 옆면을 정리해주기 편리합니다.

9   **우레탄끈, 고무줄** 보자기의 두께에 따라 다양하게 사용합니다. 다만 고무줄은 늘어나면 끊어지기 때문에 재사용은 하지 않는 게 좋습니다.

10   **샤무드끈** 상자가 커서 이중으로 묶어야 하는 경우, 단단하게 고정해야 하는 경우에 사용합니다.

11   **태슬, 가락지매듭, 방울** 보자기의 끝이나 안쪽에 손바느질로 달아줍니다.

**보자기
제작의 기초**

말아서 박는 한 겹 보자기

◇ **챙김**

30수 워싱한 광목 1장, 기역자, 가위, 다리미, 일반 미싱(본봉)

◆ **꾸밈**

1   다림질한 광목 위에 기역자를 놓고 원하는 크기의 사각형을 그려주세요.

2   재단선을 가위로 잘라줍니다.

3   잔사가 남지 않도록 가위로 정리해주고, 일정한 간격으로 두 번 말아서 접어주세요.

4   박음질이 쉽도록 다리미로 원단 끝을 눌러줍니다.

5   시침핀으로 고정하면 원단이 움직이지 않습니다.

6   머신을 이용하여 같은 실로 가장자리를 모두 박음질해줍니다.

7   박음질한 부분을 다림질하고 원단의 구김도 없애줍니다.

 도움   원단을 두 번 말아서 박음질하면 재단 후 올이 풀리지 않습니다. 이때 두껍지 않은 소재를 사용해주세요. 머신을 쓰지 않고 손바느질로 박음질 또는 홈질을 해줘도 예쁜 보자기가 완성됩니다.

배색이 다른 양면 보자기

◇ **챙김**

색이 다른 원단 2장, 기역자, 가위, 시침핀, 송곳, 시접테이프, 다리미, 일반 미싱

◆ **꾸밈**

1   양면 배색이 가능한 원단 2장을 준비해주세요.

2   겉면끼리 마주 댄 후 밀리지 않도록 시침핀으로 고정해줍니다.

3, 4   시접을 1cm쯤 두고 가장자리를 머신으로 박음질합니다. 이때 창구멍을 5cm쯤 남겨둡니다.

5   뒤집었을 때 깔끔하게 완성되도록 시접 부분을 접어서 다림질합니다.

6   모서리 시접의 한 부분을 가로세로 포개서 잡아줍니다.

7   잡은 부분을 창구멍으로 뒤집어 빼면서 나머지 모서리를 모두 빼내주세요.

8   모서리를 뾰족하게 살리기 위해 송곳으로 고르게 펴냅니다.

9   창구멍은 의류용 테이프를 붙이거나 공그르기로 막아줍니다. 딱풀로 문지른 다음, 다림질해줘도 접착이 되어 마감됩니다.

10   다림질로 마무리해주세요.

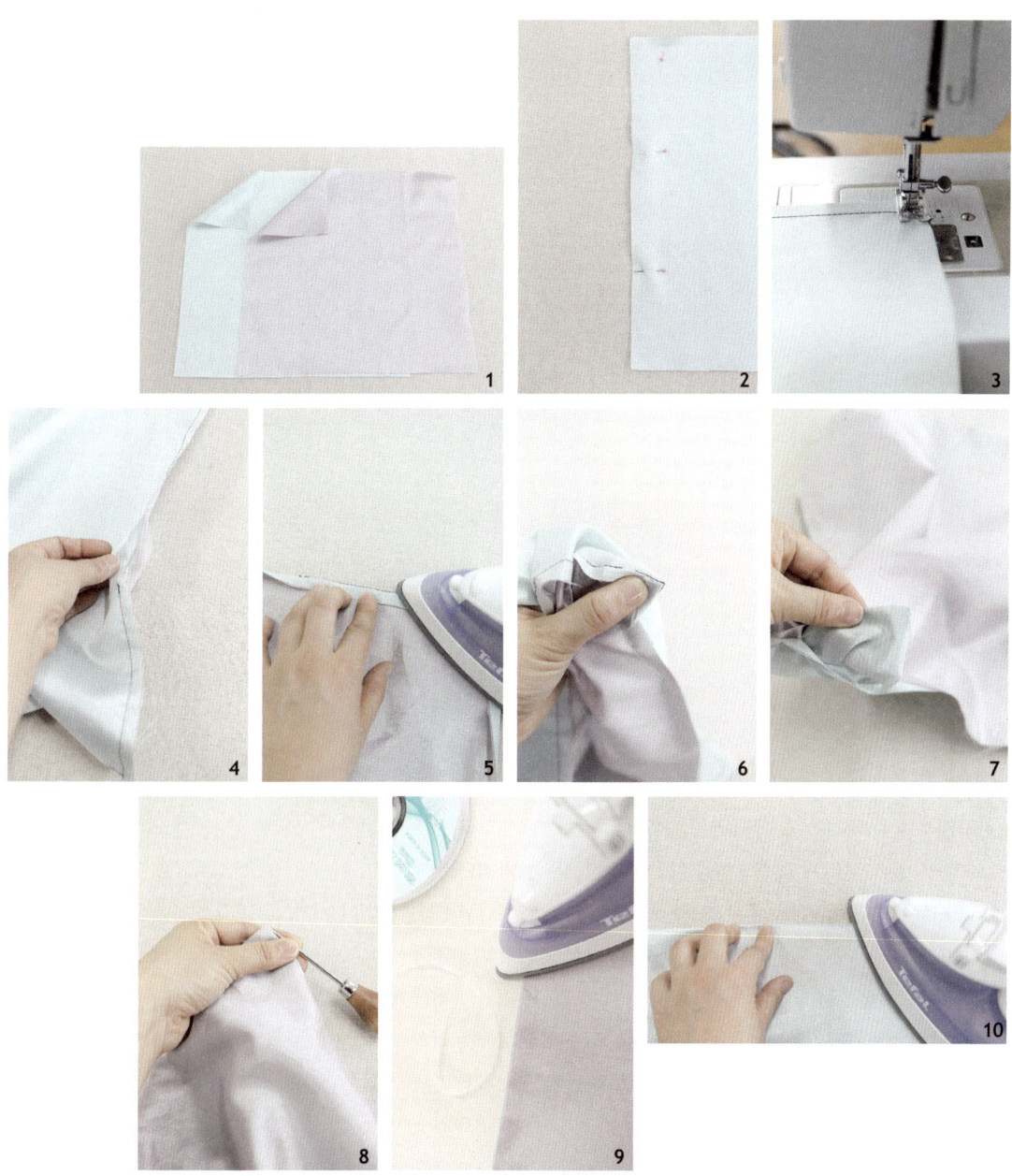

도움 보자기를 만들고 남은 자투리 원단으로 컵받침을 만들어보세요.
만드는 방법은 보자기와 같습니다.

머신을 이용한 한 겹 보자기

◆ **꾸밈**

재단 부분이 풀리지 않도록 실을 감아서 마감해주는 방법으로,

오버로크보다 깔끔해서 주로 블라우스 밑단이나 스카프 등에 사용합니다.

보자기의 경우 20수 이하의 원단을 사용하므로 면실과 나일론실

두 가지로 원단 끝을 마감해줍니다.

원단의 바탕색과 같은 색실로 마감하거나, 다른 색실로 테두리의

색감을 살려주기도 합니다. 미싱은 인터로크를 사용합니다.

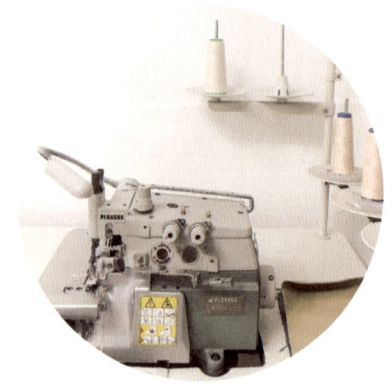

보자기 포장을 배울 때 대부분 비슷한 고민을 털어놓습니다.

"매듭법은 알겠는데, 예쁘게 안 돼요."
"조금 더 깔끔하게 완성하고 싶은데, 천이 자꾸 흐트러져요."

포인트는 주름입니다. 흐느적거리는 천으로 포장하는 것이기에 다음
을 주의하면서 반복적으로 연습해보세요. 주름의 균형을 맞추려고
노력하는 것이 중요합니다.

손의 방향과 위치

종이 포장에서는 테이프로 고정이 가능하지만, 보자기는 손으로 적당히 당기고 눌러주면서 작업해야 천이 흐트러지지 않습니다. 패키지가 없는 형태도 많지만, 대개는 상자에 넣어서 포장하므로 옆선을 정리할 경우, 손가락이 상자 옆면에 살짝 걸치듯이 놓여 있어야 작업이 수월합니다.

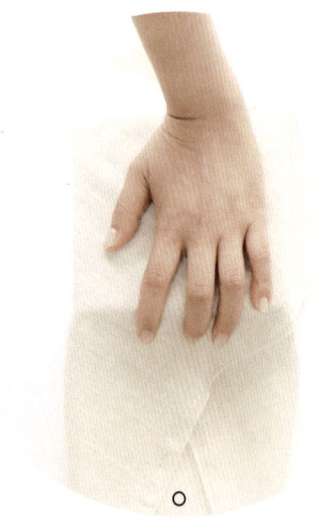

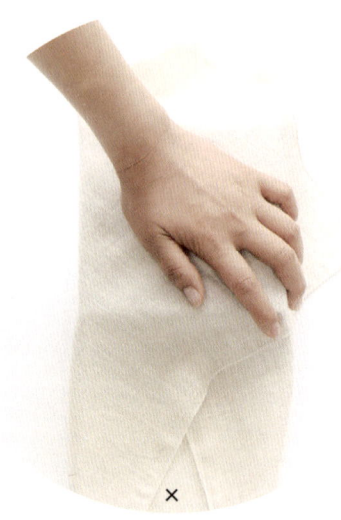

낮은 상자	높은 상자
옆면의 보자기를 조금씩 꼬집듯이 잡은 후 상자 옆면에 놓인 손가락으로 고정해줍니다. (손가락과 손가락 사이의 간격 확인)	옆면의 보자기를 한 손으로 모두 잡아서 고정해줍니다. 단, 와인 상자처럼 높은 경우에는 옆면을 여러 번 모아 잡아서 고정합니다. (손가락 사이에 간격 없음)

옆선 정리

중앙으로 보자기를 끌어올릴 때 옆면의 보자기를 밭게 잡으면 보자기가 뭉쳐서 지저분해집니다. 보자기의 끝을 당기듯이 잡아서 끌어 올려줍니다.

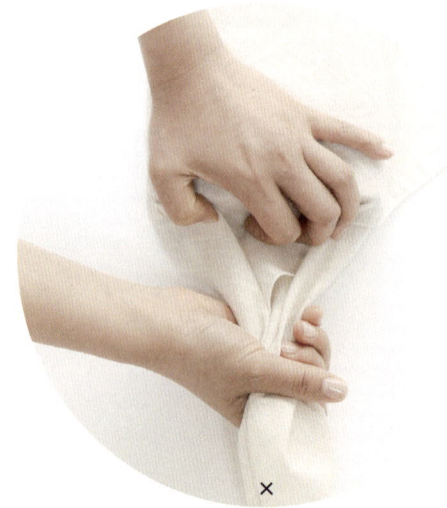

끌어올린 옆면의 보자기는 한 손가락, 즉 엄지로 살짝 잡아주세요. 두 손가락으로 잡을 경우, 보자기가 뒤집어질 수 있습니다.

주름 정리

보자기를 조금씩 잡아 올릴 때 간격이 일정해야 주름이 골고루 잡힙니다. 꼬아주는 매듭처럼 주름의 노출이 많은 경우에는 주름 정리가 끝난 뒤에 매듭을 지어주세요.

모서리 정리

모서리 부분은 역삼각형으로 정리하여 마무리합니다.

보자기 포장을
빛내줄 장식

털실을 이용한 태슬

◇ **챙김**
        털실, 납작한 종이, 매듭용 끈, 가위

여러 종류의 실로 태슬을 만들어 보자기를 만들 때 응용하거나
포장 후 장식으로 사용해보세요.

1

2

3

◆ **꾸밈**

1 태슬을 만들 실을 납작한 종이에 여러 번 감아줍니다.

2 종이 한쪽 면의 가운데 부분을 다른 실로 묶은 후 종이를 빼내
주세요. 가운데 부분을 중심으로 묶은 실을 접어 머리 쪽에서
매듭을 짓습니다.

3 울퉁불퉁한 실을 가위로 정리하면서 길이를 맞춰주세요.

◇ **챙김**

프린지, 연결할 끈, 가위

 의류나 스카프에 부착하는 프린지를 원하는 길이만큼
자른 뒤 끈을 연결하면 훌륭한 장식이 됩니다.

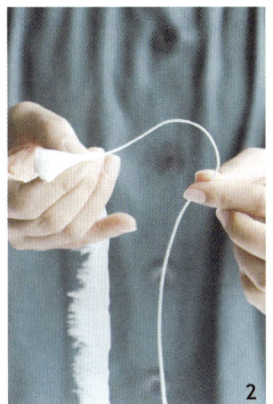

◆ 꾸밈

1 가로 15cm 정도의 천을 준비한 후 3분의 2 지점까지 가위로 촘촘하게 잘라줍니다.

2 자르지 않고 남겨둔 부분에 접착제 또는 양면테이프를 길게 부착한 후 천의 끝부분에 끈을 넣고 돌돌 말아주세요.

3 프린지의 길이가 길면 태슬이 풍성해집니다.

털실을 이용한 폼폼이

◇ **챙김**

   뜨개실, 폼폼이메이커, 가위, 매듭끈

 (도움) 폼폼이메이커가 없을 경우엔 두께가 있는 납작한
종이나 카드를 이용해도 됩니다.

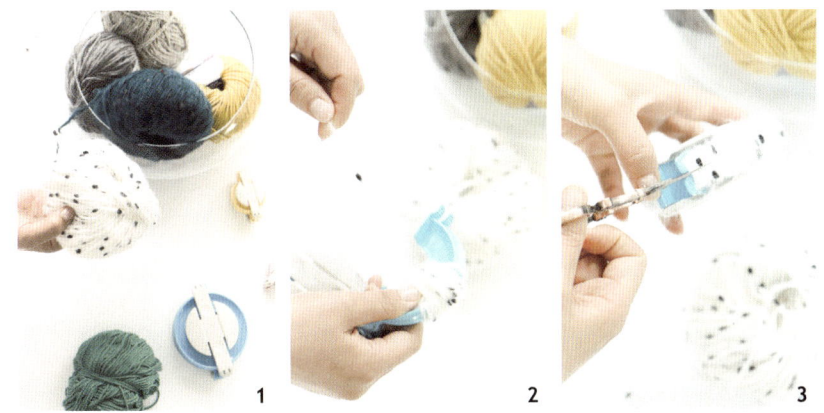

◆ 꾸밈

1 뜨개실과 폼폼이메이커를 준비합니다.

2 폼폼이메이커 양쪽 날개에 동일한 횟수로 실을 감아주세요. 이때 실을 많이 감을수록 풍성해집니다.

3 양쪽 날개를 모아준 후 감은 실의 가운데 부분을 작은 가위로 잘라주세요.

4 폼폼이메이커 사이의 홈에 끈을 감아서 단단히 묶고 양쪽 날개를 펼쳐줍니다.

5 털실 끝을 가위로 정리하여 농그랗게 만들어주면 완성입니다.

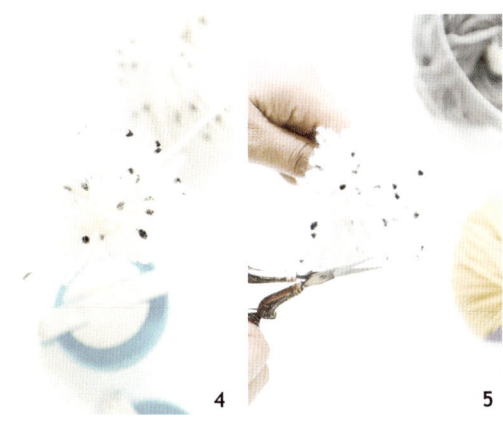

종이꽃

도움 한지나 부직포처럼 강도가 있어야 종이꽃을 만들 때 찢어지지 않습니다. 색화지처럼 얇은 종이일 경우, 장 수를 늘려주면 풍성하게 만들 수 있습니다. 생화로 장 식할 때보다 이동이나 보관이 쉽고, 색깔별로 만들어 두었다가 필요할 때 사용해도 좋습니다.

◇ **챙김**

색지, 매듭용 끈 또는 와이어, 가위, 니퍼

◆ **꾸밈**

1 종이 5장을 가로 15cm, 세로 9cm로 준비한 후 1cm 간격으로 접어 아코디언 주름을 만들어줍니다.

2 위아래를 둥글게 가위질한 후 가운데 부분을 매듭끈이나 와이어로 단단히 묶어주세요.

3 한쪽부터 종이를 가운데로 끌어올려서 꽃 모양을 잡아줍니다.

4 동그란 모양이 되도록 양쪽의 균형을 맞춰주세요.

◇ **챙김**

뒤꽂이용 핀, 원석, 와이어, 비즈, 본드

◆ **꾸밈**

1   뒤꽂이용 핀 위에 비즈와 원석 등을 올려보며 모양을 정합니다. 컬러비즈를 와이어로
     연결하거나 이미 연결된 재료로 준비해도 됩니다.
2   뒤꽂이용 핀에 본드로 비즈를 고정한 다음, 보자기 포장에 장식으로 사용합니다.

 원석과 비즈를 취향대로 엮어 만든 뒤꽂이는
간단하면서도 화려한 장식 재료입니다.

◇ **챙김**

구슬, 연결끈, 가위

◆ **꾸밈**

1   보자기에 어울릴 만한 색깔의 구슬을 준비합니다.

2   끈을 통과하여 구슬을 꿰어주고, 양쪽 끝에 매듭을 묶어 고정합니다.

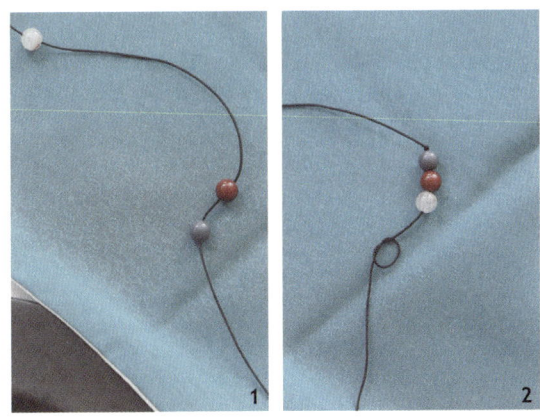

 도움   구슬은 동대문종합시장의 액세서리 코너나 온라인을 통해서 쉽게 구매할 수 있습니다.

가락지매듭을 이용한 장식끈

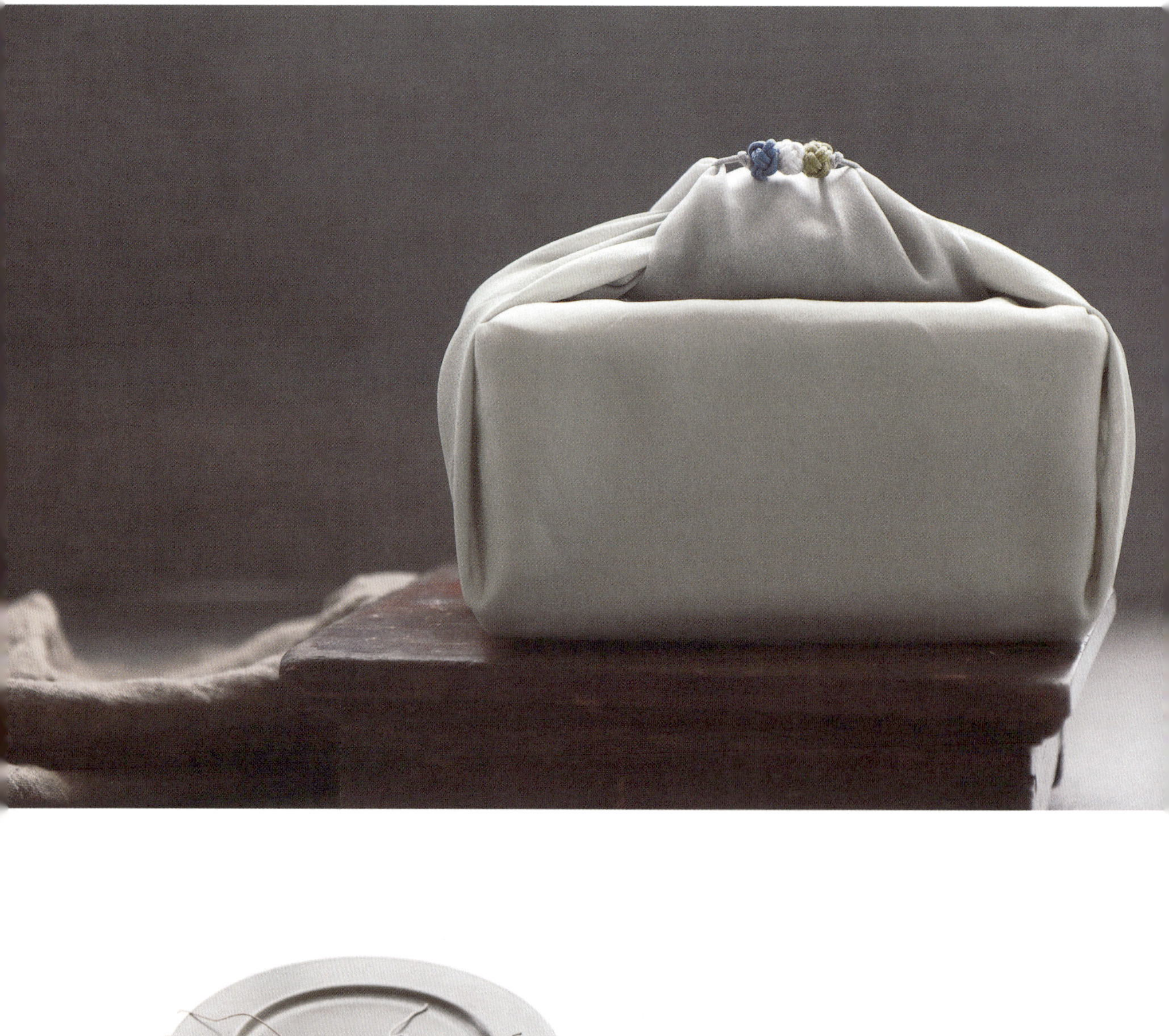

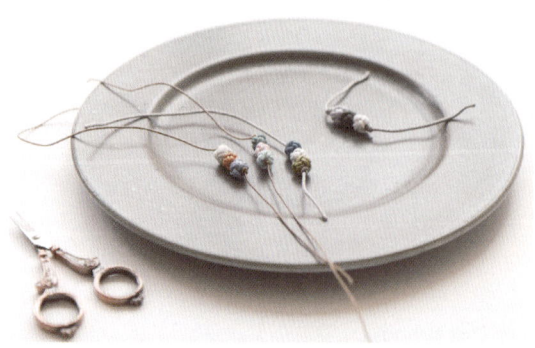

도움 가락지매듭을 이용하여 장식용 끈을 만들어 사용하면 전통적인 느낌의 포장이 완성됩니다.

◇ **챙김**

　가락지매듭, 탄력이 있는 고무끈, 세사, 답비, 가위

◆ **꾸밈**

1　보자기와 잘 어울리는 색깔로 매듭을 배색한 후 답비에 모두 끼워주세요. 그런 다음 답비의 고리로 고무끈을 잡아서 가락지매듭 사이로 통과해 빼냅니다.

2　가락지매듭이 움직이지 않도록 처음과 끝을 외도래매듭으로 마무리합니다.

1　　　　　　　　　　　　2

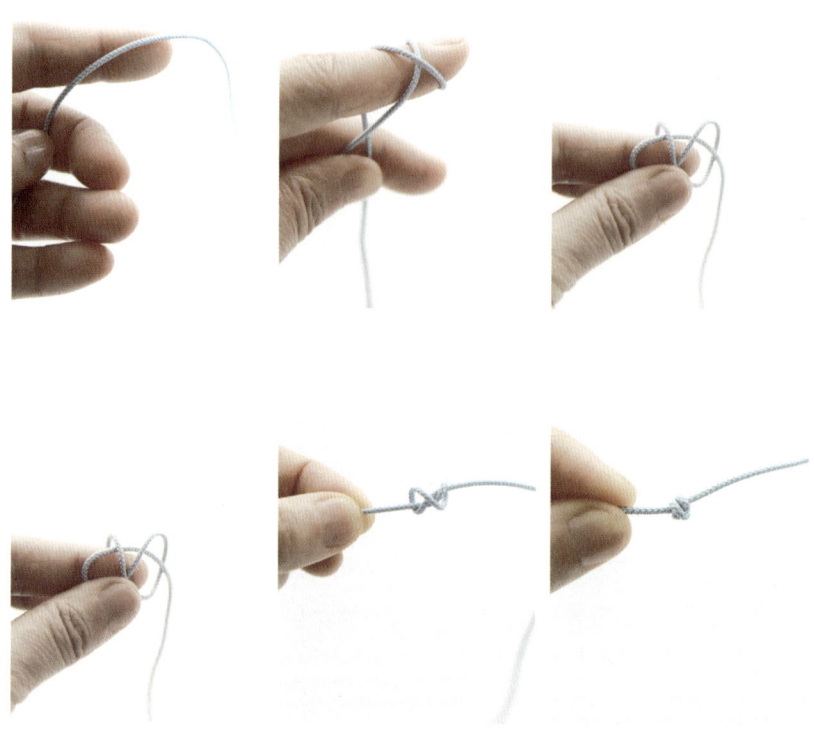

외도래매듭

끝매듭을 짓는 방법 중 하나이며, 끈을 검지 바깥쪽으로 두 번 감아서 가운데로 통과
해주면 완성됩니다.

매듭공방 이용

원하는 색으로 실을 염색하고, 매듭도 원하는 모
양으로 제작이 가능합니다.

끈 활용

매듭에 긴 끈을 달아주면 접거나 감는 방식으로
활용하기 좋습니다.

 세사 또는 끈세사로 만든 노리개와 자수, 구슬
등을 이용해서 만든 노리개는 포장하고자 하
는 물품의 크기와 형태에 맞는 장식을 골라주
는 게 중요합니다.

그 밖의 매듭 장식

매듭(소) 7cm 이하

액세서리나 다이어리처럼 작은 선물상자를 포장
할 때 포인트로 장식하기 좋습니다.

매듭(중) 10~15cm

보통 크기의 선물상자를 보자기로 포장한 뒤에
장식하기 좋습니다.

매듭(대) 15cm 이상

길게 늘어지는 형태여서 높은 상자를 포장할 때
활용합니다.

둘,

나만의 보자기를 만들다

광목은 세탁하면 할수록 질감이 좋아져서 두루두루 쓰임이 좋은 원단입니다. 표백하지 않은 생지 광목 특유의 자연스러운 질감을 살리고, 포인트로 작고 예쁜 무늬를 넣어 보자기를 만들어보세요. 직선 박기만으로도 다양한 무늬를 만들 수 있습니다.

(도움)

원단에 무늬로 들어갈 실은 무난한 색상보다는
포인트가 될 수 있는 색상을 선택해보세요.

◇ **챙김**

30수 워싱한 광목 1장, 색실, 쪽가위, 미싱

◆ **꾸밈**

1　원단을 원하는 크기로 재단합니다.

2　미싱의 윗실과 밑실을 같은 색으로 맞추고 원하는 모양으로 직선 박기를 합니다.

3　원단 끝으로 나온 실밥은 쪽가위로 깔끔하게 정리해주세요.

4　실밥이 보이지 않도록 두 번 접은 다음 다림질해줍니다.

5　가장자리를 박음질로 모두 마무리해주세요.

6　원단이 얇을수록 박음질한 뒤에 우는 경우가 많습니다. 보자기가 평평해지도록
　조금씩 당기면서 다림질로 마감해주세요.

7　박음선의 폭에 변화를 주거나 실의 색상만 달라져도 새로운 느낌의 보자기가 완성
　됩니다.

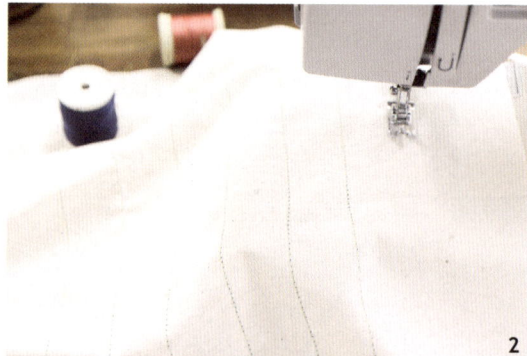
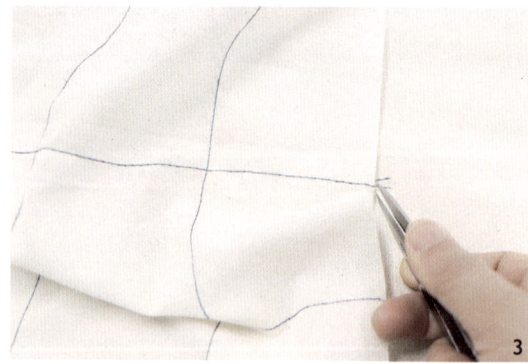

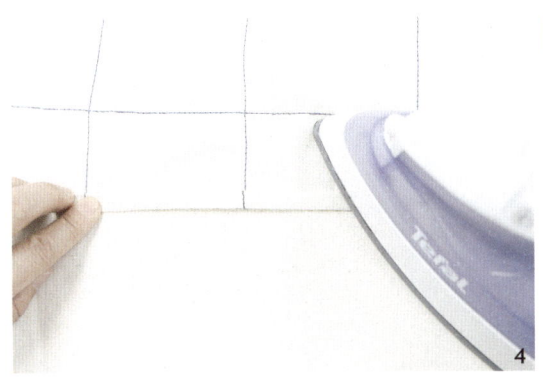

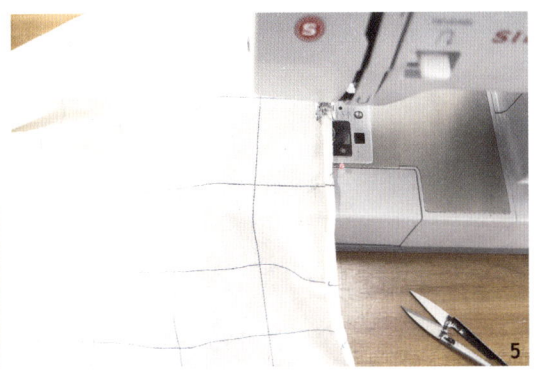

색이 바랜 티셔츠나 에코백을 염색하면서 보자기에 염색을 하면 어떨까 궁금했습니다. 소창이나 광목 보자기는 한두 번 매듭을 짓고 나면 구김도 심하고 다림질도 잘 되지 않습니다. 이럴 때 염색을 하고 나면 세상에 하나뿐인 나만의 보자기를 만들 수 있습니다. 흔한 광목 보자기가 지겨워졌다면 나만의 색감으로 새로운 보자기를 디자인해보세요.

◇ **챙김**

면, 리넨, 소창 등의 천연 소재, 염색제, 고착제, 소금, 고무장갑

 원하는 색상을 내려면 염색제가 잘 스며드는 천연 소재의
원단이 적당합니다. 두 가지 이상의 염색약을 조색해서 사
용해보세요. 조금 더 깊은 색감을 연출할 수 있습니다.

◆ 꾸밈

1. 염색제가 잘 스며들 수 있도록 흰색이나 미색으로 보자기를 준비해주세요.

2. 전체를 염색해도 되지만 끈이나 고무줄로 보자기에 매듭을 지어주면 매듭 부분은 염색이 되지 않아 독특한 모양을 낼 수 있습니다. 염색할 보자기를 물에 적신 후 살짝 짜두세요.

3. 70도 물에 소금을 넣어 녹여주고, 염색제를 정해진 비율로 넣어 충분히 저어준 후 보자기를 담가주세요. 염색이 골고루 잘 되도록 보자기를 뒤집어줍니다.

4. 약 20분 후 꺼내어 고착제로 마감하고 충분히 물로 헹구어준 다음 그늘에서 말려주세요.

의류심지를 넣은 봉투 보자기

얇아서 비침이 있는 원단은 보자기를 만든 후에 형태가 잘 잡히지 않는데, 특히나 접어서 포장하는 경우에는 흐트러지기 쉽습니다. 이럴 때 의류심지를 이용해서 단단하게 고정해주면 편지나 현금을 넣는 봉투처럼 사용할 수 있습니다. 의류심지는 다리미의 열로 원단에 붙여주세요. 의류심지가 들어간 보자기는 묶는 매듭보다는 접거나 감는 기법을 이용한 매듭을 짓기에 적당합니다.

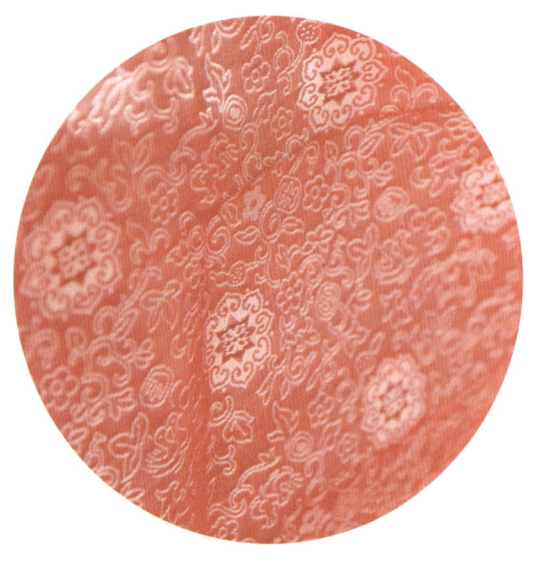

◇ **챙김**

본견, 실크심지, 끈용 화섬, 장식용 와펜, 실, 가위, 다리미

 심지는 종류와 두께에 따라 쓰임이 달라집니다. 양면 보자기는 뒤집어서 만들기 때문에 두껍지 않은 심지를 사용하는 것이 좋습니다.

◆ 꾸밈

1   원단 2장과 심지 1장을 40cm 정사각형으로 재단해주세요.

2, 3   원단에 심지의 까끌까끌한 면을 위로 향하게 올린 다음 천을
          덮어 다림질하면 심지와 아래 보자기 원단이 부착됩니다.

4   나머지 원단 1장에는 꽃 모양 와펜을 달아주세요.

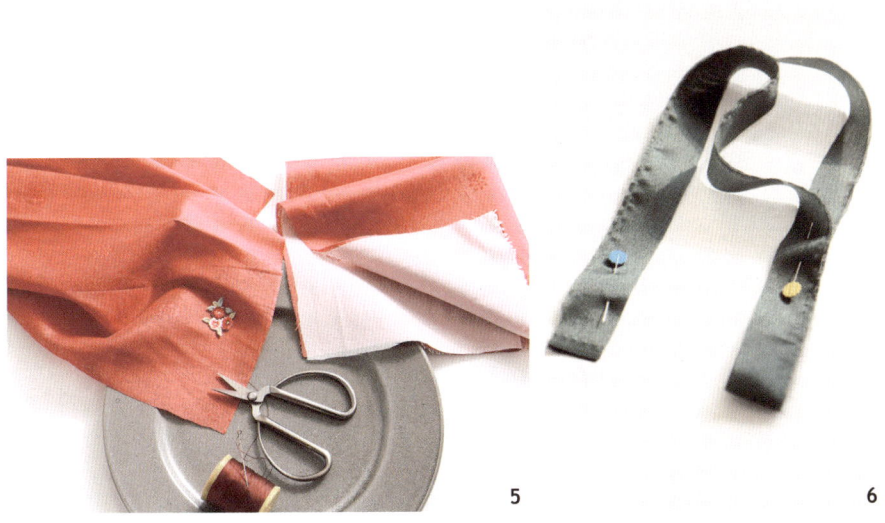

5　　6

5　심지가 부착된 보자기의 앞면과 와펜이 부착된 보자기의 앞면을 맞대고 박음질한 다음 창구멍으로 뒤집어주세요.

6　매듭용 끈은 원하는 길이와 두께로 잘라서 만들어줍니다.

7　보자기의 한쪽 끝에 끈을 달아주고, 모서리를 정리한 후 다림질하면 완성입니다.

8　보자기의 안쪽에 봉투를 넣어 포장합니다.

7　　8

명절 보자기의 새로운 활용

설이나 추석이 지나면 명절 선물을 포장했던 보자기들이 쌓이곤 합니다. 상호가 인쇄되어 있거나 군데군데 뜯기고 찢겨 다시 사용하기 애매한 것들이죠. 그런데 이런 보자기들도 조금만 손을 대면 얼마든지 재사용할 수 있습니다. 어울리는 색상으로 배합하여 양면 보자기를 만들거나 작게 재단하여 작은 선물용 보자기로 만들어도 좋고, 끈을 달아 묶는 형태의 보자기로 만들어도 좋습니다.

도움 양면 보자기를 만들 때는 비슷한 두께로 작업하는 것이 좋습니다. 한쪽이 더 두꺼우면 봉제하기가 어렵고, 포장한 후에도 매듭이 잘 나오지 않습니다. 사용했던 보자기는 가볍게 손세탁해서 얼룩을 제거해주고, 낮은 온도로 다림질해서 구김을 잘 펴주세요.

◇ **챙김**

    사용한 보자기, 리본이나 끈류, 가위

◆ **꾸밈**

1   사용한 보자기를 어울리는 색상으로 조합해봅니다.

2   보자기에 인쇄되었거나 손상된 부분은 잘라내고 필요한 만큼

     재단합니다.

3   자투리 끈이나 리본 등을 보자기에 달아주세요.

4   색을 배치하여 양면 보자기로 완성합니다.

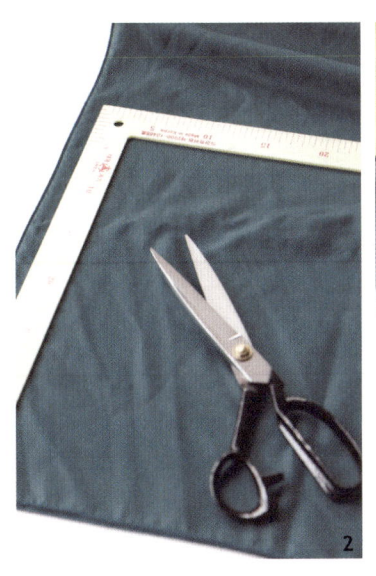

보자기 끝에 방울 달기

커튼의 옆선이나 작은 파우치에 다는 부자재를 이용하면 독특한 형태의 보자기를 완성할 수 있습니다. 방울은 손바느질로, 태슬은 미싱으로 달아주세요.

◇ **챙김**
양면 보자기, 방울레이스, 쪽가위, 실, 바늘

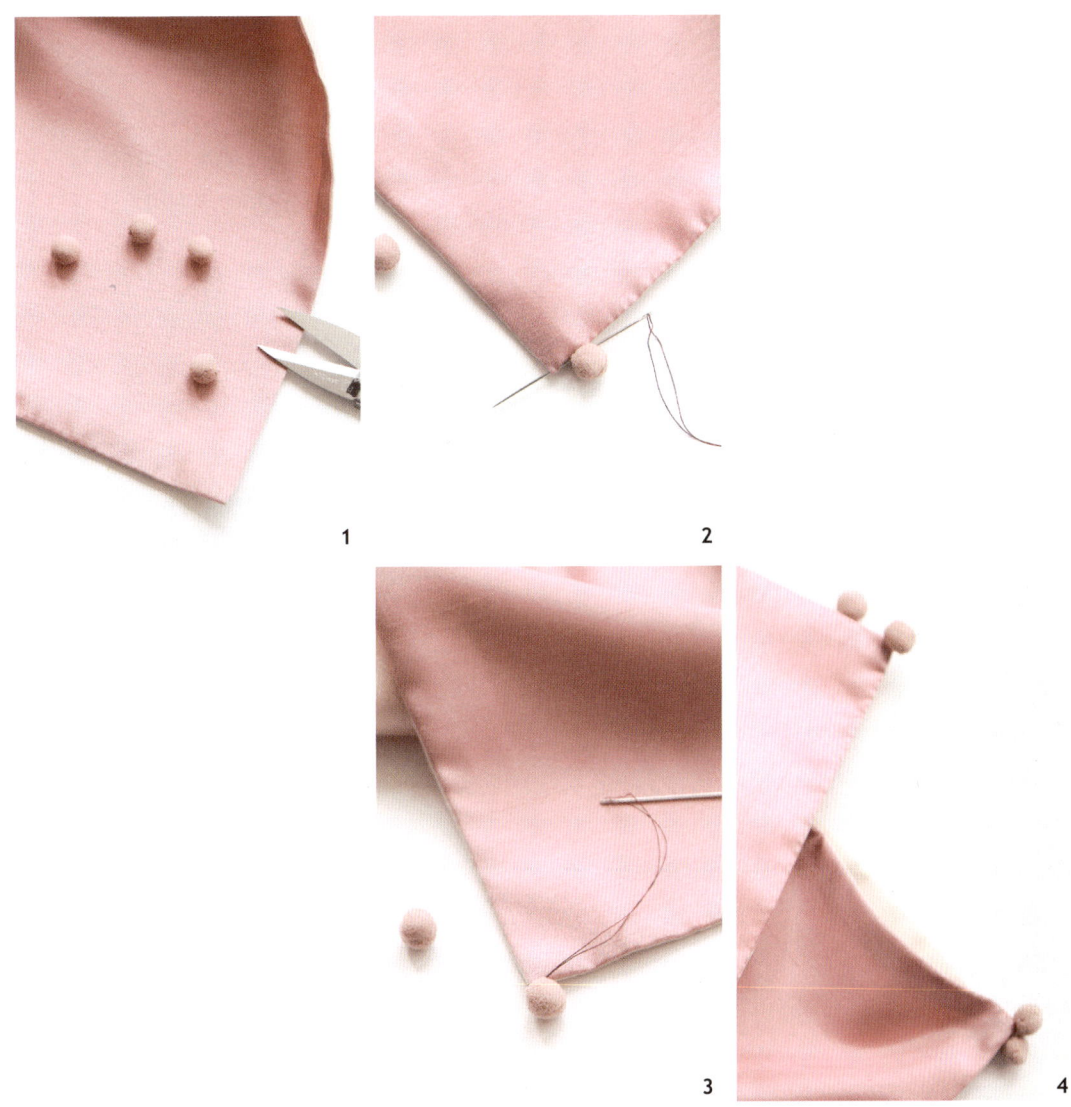

1   2

3   4

◆ **꾸밈**

1   방울레이스는 끝을 짧게 잘라서 방울만 준비해주세요.

2   보자기와 비슷한 색실로 귀퉁이에 방울을 달아줍니다.

3   방울이 덜렁거리지 않도록 보자기에 잘 붙여서 실매듭을 짓습니다.

4   원하는 만큼 방울을 달아주면 완성입니다.

한 땀 한 땀 자수 보자기

하얀 광목천 위에 수를 놓은 보자기는 밑반찬을 만들어 선물할 때나, 하얀 백설기 위에 서리태를 넣어 만든 콩설기를 쪄서 선물할 때 포장에 잘 어울립니다. 기본적인 스티치만 할 줄 알면 예쁜 보자기를 만들 수 있습니다.

◇ **챙김**

20수 전처리 워싱한 광목 1장, 자수 실, 자수 틀, 자수 도안, 먹지, 가위

 도움　30수 광목은 수를 놓았을 때 비침이 있어서 마무리 실이 보일 수 있습니다. 따라서 조금 두께가 있는 20수 원단을 추천합니다. 재단 후 끝처리는 말아서 박음질하거나 인터로크로 마감해주세요.

◆ 꾸밈

1   원단 위에 먹지와 도안을 대고 볼펜으로 이미지를 누르듯 그려주세요. 이때 도안이 움직이지 않도록
     마스킹테이프나 시침핀으로 고정해줍니다.

2   원하는 색상의 실로 줄기 부분부터 작업합니다.

3   알리움의 꽃잎도 작업해주면 완성입니다.

4   먹지의 색상이 원단에 남아 있는 경우, 미지근한 물에 천을 담가 주물러서 빨아준 후 말려주세요.

그림으로 완성한 감성 보자기

하얀 보자기 위에 계절을 그려넣으면 나만의 감성이 보자기에 펼쳐집니다. 그림을 그릴 때 물감의 농도가 묽으면 뒷면에 스며들어 지저분해 보일 수 있으니 얇은 원단은 피해주세요. 합성섬유의 경우, 물감이 잘 스며들지 않으므로 면이나 마 같은 소재를 사용해야 합니다. 원단의 밀림을 방지하기 위해 수틀에 고정한 후 그림을 그려도 좋습니다.

◇ **챙김**

30수 워싱한 면 1장, 패브릭용 물감, 붓, 다리미, 도안, 받침용 판

 물감은 조금씩 짜서 사용해야 말라서 덩어리지는 현상을 막을 수 있습니다.

◆ 꾸밈

1 도안을 면 보자기 밑에 깔아둡니다.

2 보자기에 자유롭게 그림을 그려도 좋고, 도안을 따라 연필로 가볍게 그림을 그려도 좋습니다.

3 원하는 색감으로 색을 입혀줍니다.

4 물감이 마를 때까지 건조해주세요.

5 가벼운 천을 보자기 위에 올리고 약한 온도로 열처리를 해주면 완성입니다.

손잡이가 있는 보자기

무게가 나가는 물건을 포장해서 들고 다닐 때 편리하도록 보자기 끝에 끈을 달아보았습니다. 보자기의 두 귀에 튼튼한 웨빙끈으로 손잡이를 만든 후 간단한 매듭으로 마무리해 주면 친환경 보자기 가방이 완성됩니다. 종이 쇼핑백 대신 사용해보세요.

◇ **챙김**

　프린트된 광목(겉감) 1장,

　30수 워싱한 광목(안감) 1장,

　웨빙벨트 25mm, 라벨, 가위

도움 양면으로 제작하는 데다가 매듭을 지어야 하므로 두껍지 않은 소재를 사용하는 게 좋습니다.

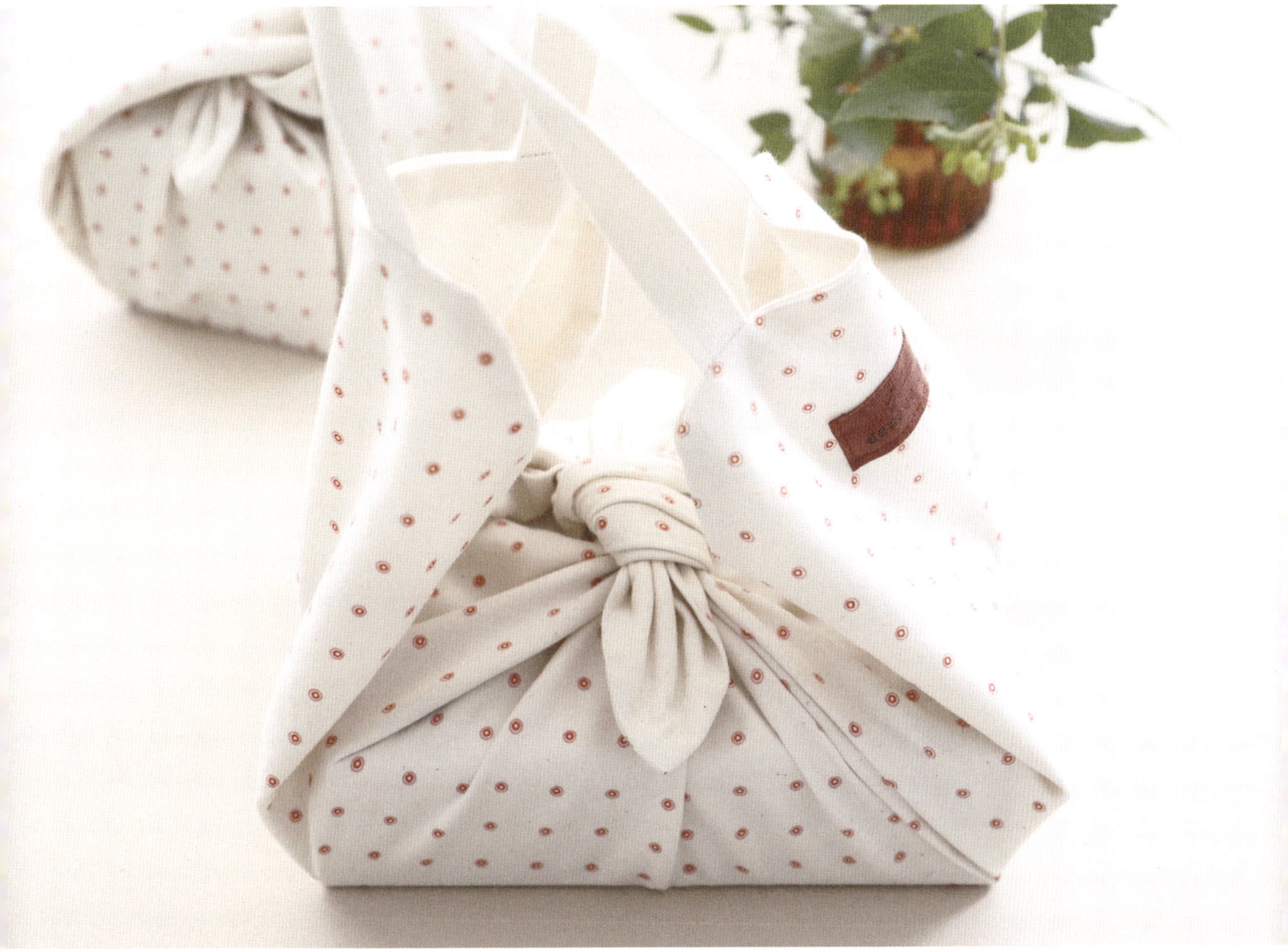

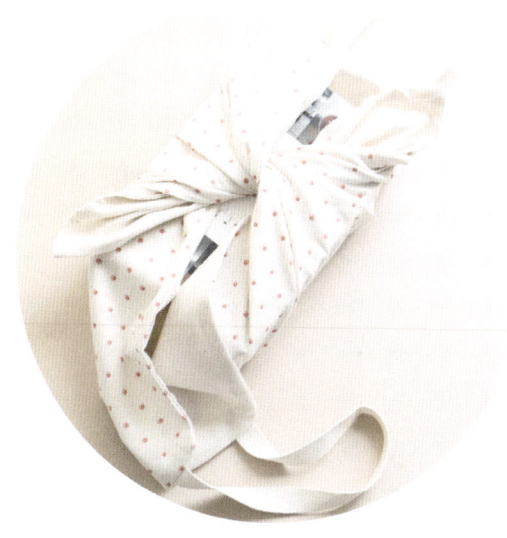

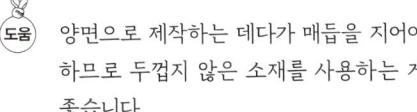

◆ 꾸밈

1   양면 보자기를 만들기 위해 겉감과 안감을 준비해주세요.

2   겉면에 작은 라벨을 달아주면 포인트가 됩니다.

3   마주 보는 2개의 귀에 손잡이를 달 공간을 10cm쯤 잡아줍니다.

4   앞뒤 면을 모두 재단해주세요.

5   한쪽 면에 웨빙벨트 2개를 시침핀으로 고정해줍니다.

6   웨빙벨트를 겉면으로 빼고 가장자리를 박음질해주세요. 이때 창구멍을 남겨놓습니다.

7, 8   창구멍으로 보자기를 뒤집어 다림질하면 끈 보자기가 완성됩니다.

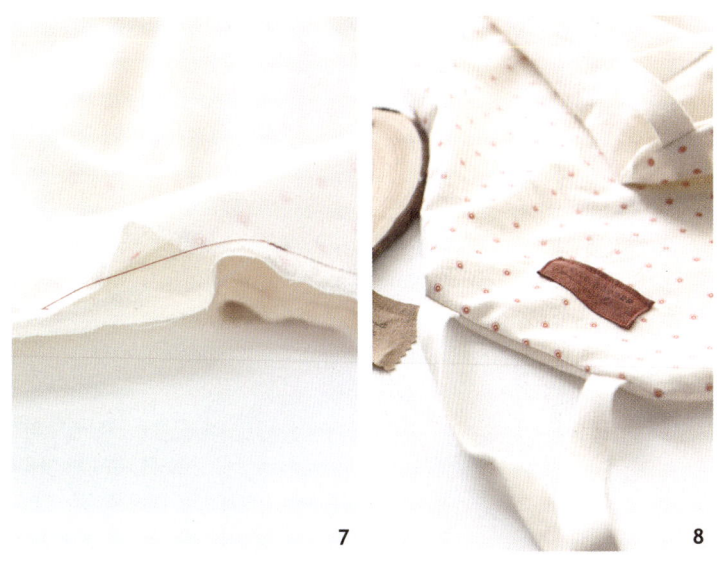

조각보 만들기

보자기를 만들고 남은 원단은 아주 작은 조각도 버리기 아까워서 서랍장에 모아두게 됩니다. 예부터 한복을 짓고 남은 자투리로 만들었던 조각보는 크기도 색깔도 제각각인 조각들이 하나하나 이어져 생명을 잇고, 삶을 이어간다는 속뜻이 있습니다. 그동안 모아두었던 고운 자투리 원단으로 조각보를 구성해보세요.

◇ **챙김**

　자투리 원단 4장, 스케치 도구, 다리미

 도움　작은 원단끼리 연결한 뒤에 점점 큰 크기로 이어갑니다. 시접 부분의 이음선이 보이지 않도록 비침이 적은 원단을 사용해주세요.

◆ 꾸밈

1 자투리 원단 4장을 서로 다른 색상으로 준비해주세요.

2 전체 크기와 각 조각의 크기를 정하여 재단합니다. 이때 색을 어떻게 배합할 것인지 스케치해보는 것도
   좋습니다.

3 원단을 다림질하여 구김을 잘 펴줍니다.

4 작은 조각부터 시침핀으로 고정해주세요.

5　미싱으로 박음질해줍니다.

6　큰 면적의 원단을 박음질한 조각 원단에 시침핀으로 고정해주세요.

7　뒷면에 부착할 원단을 겉면과 함께 박음질해줍니다.

8　창구멍으로 뒤집은 다음 다림질합니다.

셋,

평범한 물건, 특별해지다

◆◆◆
책, 일탈을 꿈꾸다
◆◆◆

누군가에게 책을 선물할 때는 취향에 맞을지, 읽은 책은 아닐지, 이것저것 생각해보게 됩니다. 책은 다른 세상을 경험하게 해주는 손쉬운 통로이기도 해서 이따금 요리하는 친구에게는 꽃꽂이 책을, 육아에 매진하는 친구에게는 가벼운 여행 책을 선물하기도 합니다. 일상에서 잠깐만 벗어나면 지금 하고 있는 일이 새롭게 보이기 때문입니다.

◇ **챙김**
　　30수 워싱한 체크무늬 광목 50×50cm, 책 두 권, 장식 재료

◆ 꾸밈

1   보자기를 마름모로 펼친 후 중앙에 책 두 권을 올려놓습니다.

2   한쪽 귀를 책 위로 올려주세요.

3   그 위로 반대편 귀도 올려줍니다. 이때 바닥에 보자기가 닿으면 한 번 접어줍니다.

4   양쪽을 차례로 정리하여 중앙으로 올리고 나비 모양이 되도록 두 번 묶어줍니다.

5   매듭에서 나온 양쪽 귀를 같은 크기로 매만져주세요.

매듭이 무게중심에 있기 때문에 이동할 때 매듭 부분을 손잡이
처럼 잡기도 합니다. 책이나 떡, 도자기 같은 선물을 포장할 때는
이동 중에 매듭이 풀리지 않도록 단단하게 고정해주세요.

향초, 기억되고 싶은 향기

제법 차가운 바람이 불던 새벽 출근길, 작업실 근처 커피숍에서 풍기던 커피향은 시간이 지나도 '참 좋았던' 기억으로 남아 있습니다. 아름다운 풍경, 감미로운 소리도 그렇지만 향만큼 오래 기억나는 게 있을까요? 쓰지 않는 작은 유리컵으로 만든 라벤더 향초에서 우드스틱이 타닥타닥 타는 소리를 내며 기분 좋은 향을 풍기는 순간을 선물하고 싶습니다.

◇ **챙김**

벨벳 72×35cm, 크래프트 상자 15×10×6cm, 향초,

장식용 태그

◆ **꾸밈**

1   직사각형 보자기를 가로로 길게 놓고 중앙에 상자를 올려놓습니다.

2   보자기의 위아래를 상자에 맞추어 나란히 접어주세요.

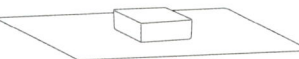

3 　양옆의 보자기를 접어 올립니다.

4 　벨벳은 늘어나는 소재이므로 살짝 당기면서 한 번 묶어주세요.

5 　태그를 달고 한 번 더 묶어서 양쪽이 균일하게 프릴 모양을 잡아줍니다.

 보자기는 대개 정사각형이지만, 내용물의 특성상 옆면이 길어야 하는 경우엔 직사각형 보자기를 활용해도 좋습니다. 벨벳이나 일부 망사 소재는 재단 후 원단의 올 풀림이 적어서 말아서 박음질하거나 인터로크를 치지 않고도 포장이 가능합니다.

사계절을 입는 티슈케이스

갑티슈의 커버를 벗기고 다시 씌우는 게 생각보다 번거로워서 보자기로 포장하듯 작업해보았습니다. 계절이 드러나는 원단으로 책상의 분위기를 확 바꿔보세요.

도움 한쪽 끝에서 매듭을 짓는 경우, 상자가 반대쪽으로 밀리게 됩니다. 가볍게 매듭을 만들어 임시로 고정한 다음 반대쪽 매듭을 완성하고, 고정했던 부분을 풀어 다시 매듭을 지어보세요. 이 매듭법은 가운데 부분에 공간이 생기므로 화분을 포장하기에 좋습니다.

◇ **챙김**

30수 면 폴리 혼방 55×55cm,
갑티슈 24×11.5×12cm

◆ **꾸밈**

1 보자기 위에 갑티슈를 세로로 놓습니다.

2 보자기의 양옆, 위아래를 올리면서 중앙에 자리를 잡아줍니다.

3 보자기의 위아래를 갑티슈 위로 올려주세요.

4 보자기의 위쪽 귀를 잡아 올립니다.

5 반대편 귀를 잡아 중심을 향해 /\ 모양으로 모은 후 두 번 묶어줍니다.

6 반대편도 같은 방식으로 두 번 묶어주세요.

◆ ◆ ◆

공간을 물들이는 천연비누

◆ ◆ ◆

향이 좋은 천연비누는 받는 사람도 주는 사람도 부담이 없어서 여행지에서 더 안 사온 걸 두고두고 후회하곤 합니다. 나에게 잘 맞는 향은 몸에 좋은 음식만큼 마음에 평온함을 가져다줍니다. 비누향이 퍼져 나갈 수 있도록 구멍이 숭숭 뚫린 소재로 포장해보았습니다.

◇ **챙김**
    망사 포장재 25×12cm, 천연비누 5×5×5cm,
    내부 포장용 코팅지, 치즈끈, 마스킹테이프, 스탬프

◆ **꾸밈**

1 망사 포장재 중앙에 비누를 올려놓습니다. 포장재는 세로보다는 가로가 긴 형태가 좋습니다.

2 포장재의 윗면과 아랫면으로 비누를 덮어주세요.

3 왼쪽과 오른쪽 포장재를 가운데로 올려 한 손으로 잡아주세요.

4 치즈끈으로 가운데 부분을 고정해줍니다.

5 패브릭스티커나 마스킹테이프에 스탬프를 찍어 장식해줍니다.

3

4

5

 꽃을 포장하는 코팅 포장재나 한지, 부직포 등은 원단만큼 유연성이 좋아서
보자기처럼 포장하기 쉽습니다.

수저 세트, 문화를 선물하다

정갈하게 차려진 음식 옆에 가지런히 놓인 수저를 보면 대접받는 기분이 들지요. 사용법을 애써 배워야 하는 젓가락은 정성을 들일 시간이 필요한 우리의 음식과 잘 어울립니다. 늘 사용해서인지 우리에게는 특별해 보이지 않지만, 우리 문화를 소중히 여기는 외국인 친구에게 수저 또는 젓가락 세트를 선물해보세요.

◇ **챙김**

슬러브 양면 60×60cm, 상자 23×16×3cm, 수저 또는 젓가락 세트,
매듭용 태슬, 옷핀

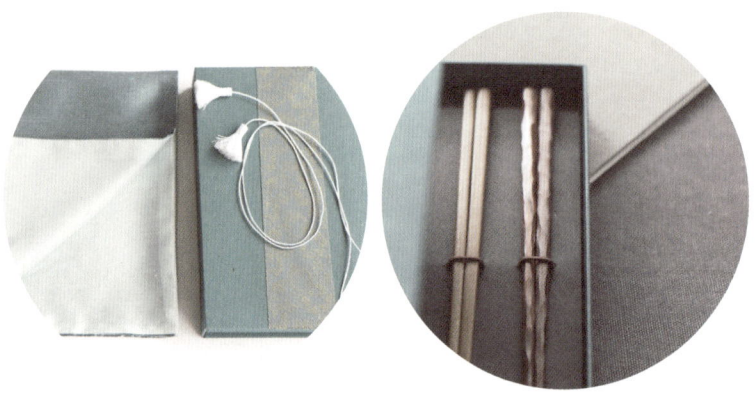

(도움) 접는 매듭의 특성상 보자기의 소재가 얇거나 미끌미끌하면 모양이 잡히지 않으므로 두께감 있는 소재를 사용하는 게 좋습니다. 면이나 리넨의 경우 20수 이상이 좋고, 소재가 얇을 경우엔 양면으로 제작하면 완성도가 높아집니다.

◆ 꾸밈

1 마름모로 펼친 보자기 위에 상자를 올리고, 한쪽 면을 접어서 상자 밑으로 넣어주세요.

2 상자의 옆면에 보자기를 직각으로 고정하여 상자의 중앙으로 끌어올립니다.

3 왼쪽, 오른쪽 모두 가운데로 올려 모양을 잡아줍니다. 옷핀으로 고정해줘도 됩니다.

4 남은 보자기를 끌어당기며 상자를 덮어주세요.

5 고정한 매듭 사이로 보자기를 넣어 정리합니다.

6 태슬이나 매듭끈으로 고정하여 마무리해주세요.

부채, 여름을 준비하다

전통적인 소품이 많은 인사동에 들렀다가 한지로 만들어진 꽃부채를 사서 속이 잘 비치는 노방으로 포장해보았습니다. 민무늬 부채에 물감으로 그림을 그려넣거나 붓펜으로 근사한 문구를 써넣어도 좋겠지요?

보자기의 크기는 부채의 원형이 덮이는 정도가 적당합니다. 아래쪽 귀가 묶이면 보자기가 작아도 포장할 수 있습니다.

◇ **챙김**

노방 35×35cm, 꽃부채 지름 18cm/총 길이 25cm, 돌

◆ **꾸밈**

1 보자기를 펼친 다음 아래쪽 3분의 1을 접고, 그 위에 부채를 뒷면이 보이게 올려주세요.

2 보자기의 위쪽도 3분의 1을 접은 다음 돌로 고정해줍니다.

3 위쪽 귀를 하나씩 잡아당겨주세요.

4 중앙에서 두 번 묶어주세요.

5 아래쪽 귀도 두 번 묶어 완성합니다.

보자기로 만든 천 가방

여름철이면 비치는 소재의 원단이 시장에 잔뜩 진열되어 있습니다. 올여름 제 눈에 들어온 원단은 수채물감으로 휘휘 그려놓은 듯한 면 레이온 혼방입니다. 큼직한 파란색 꽃 프린트는 여름에 자주 입는 흰색 옷들과 잘 어울릴 것 같습니다. 무더운 여름엔 옷도 가방도 점점 더 가벼운 것을 찾게 되는데, 보자기 가방은 가볍기도 하고 매듭을 묶는 위치에 따라 어깨에 메거나 손목에 걸 수 있답니다.

면 레이온 혼방 100×100cm

◆ 꾸밈 1

1   보자기의 안쪽 면이 보이게 펼친 후 삼각형으로 접어주세요.

2   한쪽 귀의 적당한 위치에서 매듭을 지어줍니다.

3   양쪽 모두 같은 위치에서 묶어주세요.

4   묶은 부분이 안으로 들어가도록 뒤집어줍니다.

5   양쪽 끝의 귀를 잡아올립니다.

6   적당한 지점에서 두 번 묶어주세요.

◆ **꾸밈 2**

5   앞의 1~4번을 진행한 다음 한쪽 귀를 감아줍니다.

6   나머지 한쪽도 같은 지점에서 고리를 만들어주세요.

7   양쪽 귀를 모아 묶어줍니다.

8   한 번 더 묶어주면 완성입니다.

도움   면과 레이온의 혼방 소재로 만든 보자기는 가볍고 내구성이 좋아서 세탁 후에 변형이 거의 없습니다. 두꺼운 원단으로 만들 경우, 매듭을 묶는 부분이 헐거 워질 수 있으니 얇은 소재를 사용해주세요.

식자재, 너의 요리를 기대할게

엄마의 작은 텃밭엔 이름 모를 꽃과 풀이 가득합니다. 그 틈에서 익어가고 있는 청양고추를 보니 요리하기 좋아하는 친구가 떠올랐습니다. 만날 때마다 직접 만든 밑반찬을 준비해오는 친구에게 가장 훌륭한 선물은 계절별 식재료가 아닐까요? 빛깔 좋은 고추를 물에 씻어 잘 닦은 후 소창 보자기로 포장해보았습니다.

◇ **챙김**

소창 47×47cm, 비닐팩 13×10×1~2cm

 도움   소창은 형광 처리를 하지 않아 약간 누런 색상인데, 먼지가 적고 삶거나 세탁하면 사용감이 좋아져서 행주 또는 물티슈 대용으로 쓰기 좋습니다.

1

◆ **꾸밈 1**

1   마름모로 펼친 보자기 위에 고추가 담긴 비닐팩을 옆으로 길게 놓아주세요.

2   아래쪽 귀를 중앙으로 올리고, 위쪽 귀도 같은 방법으로 올려줍니다.

3   양쪽 귀를 모아 두 번 묶어주세요. 이때 위쪽에서 넘어온 보자기의 양옆을 반쯤 접어주면 정돈이 쉬워집니다.

4   남은 보자기를 위로 돌돌 말아서 중앙의 매듭 사이로 넣어 주세요.

5   양쪽으로 펼쳐진 귀를 서로 반대방향으로 꼬아줍니다.

6   동그랗게 손잡이 형태로 만들어서 두 번 묶어주세요.

6

1

◆ **꾸밈 2**

1 마름모로 펼친 보자기 위에 고추가 담긴 비닐팩을 세로로
놓아주세요.

2 앞의 2~4번과 동일한 방법으로 마무리해주세요.

3 양쪽 귀의 중심을 반으로 접어 매듭 사이로 넣어주세요.

4 나비넥타이 모양을 잡아주면 완성입니다.

2

3

4

만들어두면 든든한 밑반찬

언제나 꼬마일 것 같던 사촌 여동생이 결혼하더니 자기를 똑 닮은 딸아이를 낳았습니다. 어설픈 육아와 직장 생활을 병행하느라 하루가 어떻게 지나가는지 모르겠다는 동생에게 가장 필요한 건 냉장고에 차곡히 쌓여 있는 밑반찬일 듯합니다. 동생이 좋아하는 반찬 몇 가지를 만들어 작은 꽃들을 수놓은 하얀 보자기에 포장해보았습니다.

◇ **챙김**

　　20수 워싱한 광목 50×50cm, 유리용기 15×15×7cm

◆ **꾸밈**

1   자수가 놓인 면이 보이게 보자기를 펼쳐놓고 유리용기를 올려주세요.

2   양옆의 귀를 올려서 중심을 맞춰줍니다.

3   유리용기 옆면에 만들어지는 주름을 정리하면서 두 번 묶어주세요.

4   짧은 쪽 귀를 매듭 사이로 넣어 반대편으로 빼냅니다.

5   자수가 놓인 쪽도 매듭 아래로 통과하여 역시 반대편에서 잡아줍니다.

6   나뭇잎 모양으로 매만지며 자수가 보이도록 펼쳐주면 완성입니다.

 표백하지 않은 순면 소재로 음식을 포장하면
행주나 면보로 재사용이 가능합니다.

달콤함을 선물할래, 스윙병

딸기 시즌이 끝나갈 무렵이면 마트에서 당도가 높은 딸기를 여러 팩 사서 잼팟에 넣고 진하게 끓여 딸기잼을 만듭니다. 한여름에 딸기청이나 딸기시럽을 만들어 얼음으로 가득 채운 유리컵에 부어 마시면 어떤 음료도 부럽지 않습니다.

◇ **챙김**

40수 면 멜란지 58×58cm,

스윙병 8×8×30cm,

스티커용 마스킹테이프,

고무줄

◆ **꾸밈**

1　보자기를 마름모로 펼치고 중앙에 스윙병을 놓아주세요.

2　보자기의 위와 아래를 삼각형으로 접어줍니다.

3　병의 입구 부분이 보일 수 있도록 위치를 잡아주세요.

4　양쪽을 같은 높이로 올립니다.

5　고무줄로 고정해서 모양을 잡아줍니다.

6　한쪽 귀를 잡아올려 스윙병의 옆면을 감아주세요.

7　나머지 귀를 X자로 교차하여 감은 다음

8　앞쪽 고무줄에 두 귀를 끼워 위로 빼내줍니다.

9　병의 목 부분에서 한 번 묶어주고 스티커로 장식합니다.

◆◆◆
절임병, 자연을 담다
◆◆◆

밭에서 방금 딴 싱싱한 토마토를 베어물 때마다 어찌나 진한지, 그 향이 날아가지 못하게 절임을 만들었습니다. 깨끗이 닦아서 잘 말려두었던 유리병 중에서 입구가 넓은 병을 골라 열탕소독을 하고, 토마토를 작게 잘라 꿀과 함께 담아보세요.

◇ **챙김**

  40수 면 멜란지 45×45cm, 유리병 지름 8cm/높이 14cm, 스티커용 마스킹테이프

◆ **꾸밈**

1   보자기를 마름모로 펼친 다음 중앙에 유리병을 놓고, 한쪽 귀를 끌어올려 유리병을 덮어주세요.

2   반대쪽 귀로도 유리병을 덮어주세요.

3   유리병이 움직이지 않도록 손으로 고정한 후 양옆의 보자기를 중앙으로 모아줍니다.

4   양쪽으로 귀가 나오게 두 번 묶어주세요.

5   남은 보자기를 중앙으로 끌어올린 다음

6   매듭 사이로 넣어 보이지 않게 매만집니다.

7   양옆으로 나온 매듭을 두 번 묶어서 작은 나비 모양을 만들어주세요.

8   원단이 흐트러지지 않게 정리한 후 스티커로 장식합니다.

 유리병이 미끄럽기 때문에 보자기는 미끌거리지 않는 소재로 만드는 것이 좋습니다.
      내용물이 흐르지 않도록 뚜껑을 단단히 잠근 후에 포장해주세요.

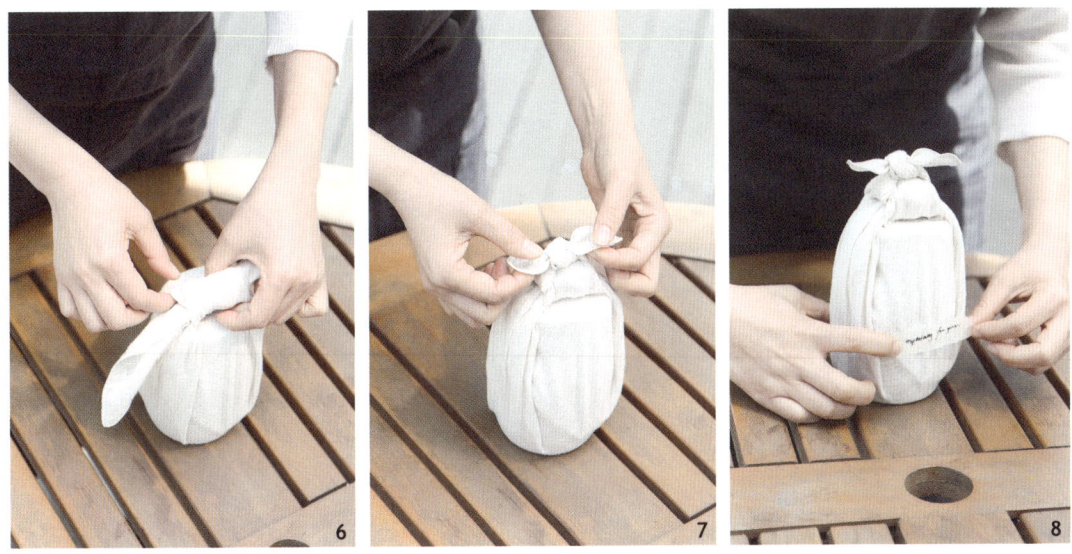

◆ ◆ ◆

풍성한 과일 선물

◆ ◆ ◆

제철 과일은 출산, 인사, 명절 선물로 인기가 많습니다. 요즘은 이국적인 과일을 골고루 담아서 새로움을 선물하기도 합니다. 과일을 바구니나 상자에 담아 보자기로 매듭지어도 좋고, 애초에 보자기에 과일을 담은 후 질끈 묶어도 좋습니다. 여기서는 패키지별로 포장하는 법을 제시했습니다.

◇ **챙김 1**

크리스털 단면 90×90cm,

직사각형 나무 상자 36×20×18cm, 과일, 장식용 식물

◆ **꾸밈**

1   마름모로 펼친 보자기에 과일을 담은 직사각형 나무 상자를 올려놓고 중심을 맞춥니다.

2   보자기의 위아래 귀를 잡아올려 과일 위로 두 번 매듭을 짓습니다.

3 보자기의 주름을 매만지며 한쪽 귀를 당기듯 올린 다음 한 번 감아서 고정해주세요.

4 반대쪽 보자기의 귀도 같은 지점에서 한 번 감아줍니다.

5 위쪽 매듭을 손으로 들어올려 보자기가 헐렁하면 한 번 더 매듭을 짓습니다.

6 과일 사이사이로 식물을 꽂아 장식합니다.

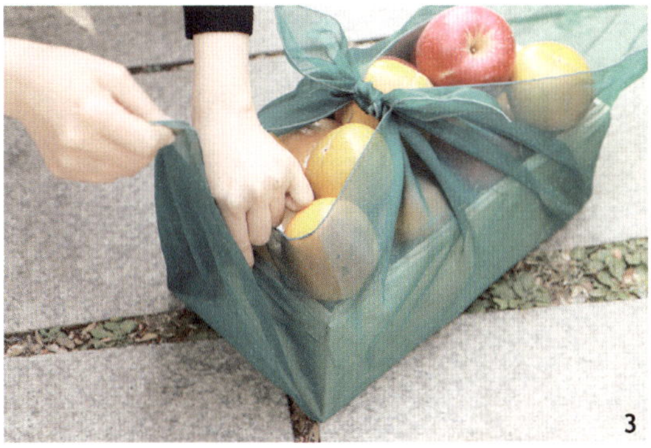
3

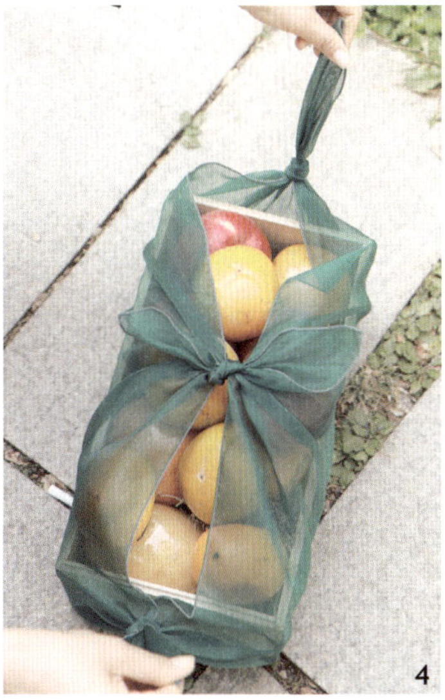
4

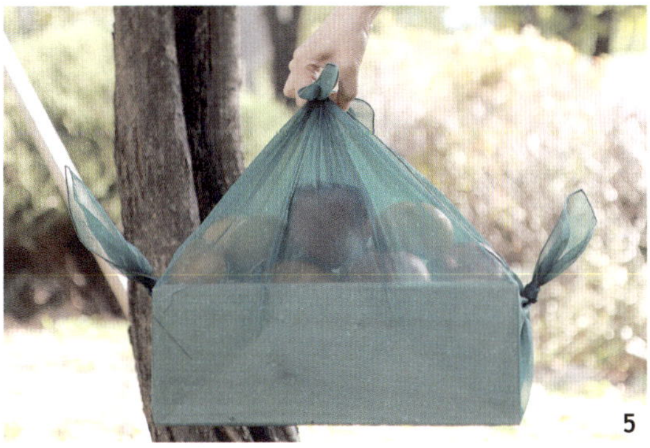
5

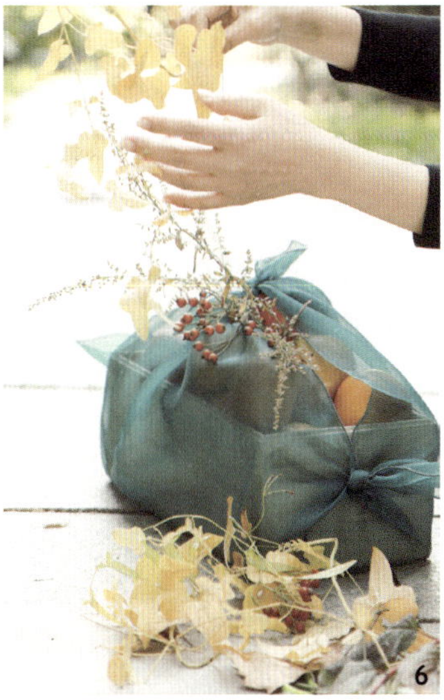
6

도움 크리스털 보자기는 과일의 다채로운 색상을 잘 표현할 수 있는 소재입니다.
과일의 천연색이 잘 보일 수 있도록 어두운 색상은 피해주세요.

◇ **챙김 2**

수직 단면 65×65cm,

원형 소쿠리 지름 17cm/높이 5cm, 미니 사과

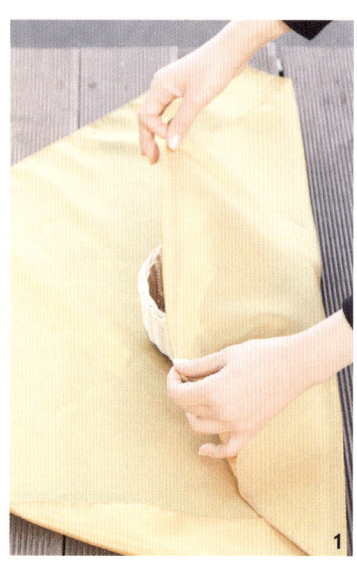

◆ 꾸밈

1 마름모로 펼친 보자기에 원형 바구니를 놓고 아래쪽 귀를 살짝 접어 덮어줍니다.

2 위쪽 귀도 끌어올린 다음 접어서 바구니 위에 올려주세요.

3 미니 사과를 보자기가 싸인 바구니에 넣어줍니다.

4 바구니 옆쪽으로 보자기의 귀를 모아 잡아주세요.

5 테두리 높이에서 한 번 감아줍니다.

6   반대편도 똑같이 감아주면서 바구니가 흔들리지 않도록 단단히 고정합니다.

7   양쪽 귀를 서로 다른 방향으로 꼬아주세요.

8   중심에서 나비매듭으로 완성합니다.

 수직 또는 산탄으로 불리는 원단은 천의 짜임이 탄탄해서 무거운 것을 포장해도 손상이 적습니다.

◆ *151*

◇ **챙김 3**

슬러브+오간디 양면 100×100cm,

타원형 라탄 바구니 41×28×35cm, 과일,

고정용 집게, 장식용 식물

◆ **꾸밈**

1 보자기를 마름모로 펼친 후 타원형 바구니를 옆으로 길게 놓아주세요.

2 보자기의 위아래를 바구니 높이에 맞춰 안쪽으로 접어 넣어줍니다.

3 단단한 과일을 바닥 쪽에 배치해서 눌리지 않도록 위치를 잡아주세요.

4 바구니 옆쪽 보자기의 귀를 끌어올려 중심까지 사선으로 감아줍니다. 리본을 묶을 7~8cm를 남기고
   집게로 고정해주세요.

5 반대편 보자기도 똑같이 감아줍니다.

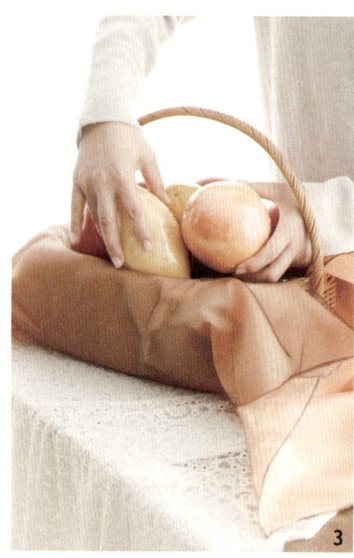

6   중심에서 나비 모양으로 두 번 매듭을 짓습니다.

7   손잡이 부분을 식물로 장식해주면 완성입니다.

 도움 손이 닿는 부분은 라탄이 보이지 않도록 보자기를 사선으로 꼼꼼하게 감아줍니다.
보자기는 손잡이까지의 높이를 고려하여 제작해주세요.

넷,

열두 달 기쁜 날

◆ ◆ ◆

알록달록 오색 떡국떡

◆ ◆ ◆

치자물로 색을 낸 노란색 떡, 쑥으로 향까지 더한 녹갈색 떡, 자색 고구마로 색을 입힌 보라색 떡, 흑미와 백미로 만든 검은색과 흰색 떡은 자연이 물들인 색감 때문에 더 맛깔스러워 보입니다. 알록달록한 떡국을 맛보며 새로 시작하는 한 해에 오색빛이 가득하기를 바랍니다.

◇ **챙김**

    양단 양면 조각보 65×65cm, 직사각형 오동나무 상자 23×14×10cm, 떡국떡 2팩

◆ **꾸밈 1**

1   보자기를 마름모로 펼치고 떡국떡 팩을 올려 위아래 귀로 감싸줍니다.

2   양옆의 보자기 귀를 끌어올려 한 번 묶어주세요.

3   서로 반대방향으로 감아 매듭이 보이지 않게 마무리합니다.

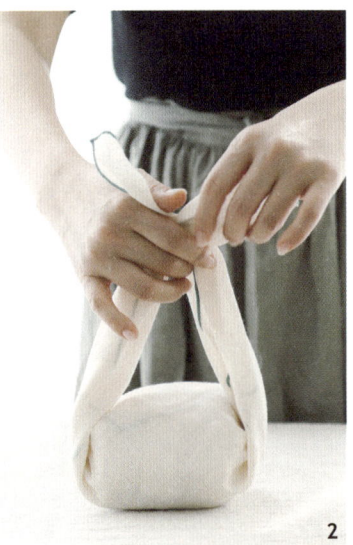

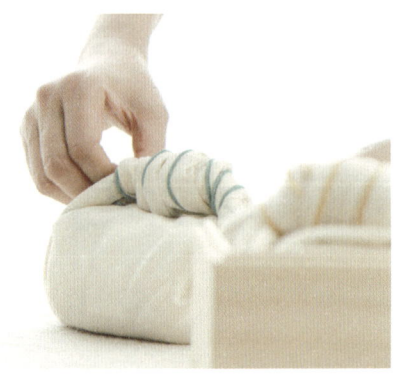

 팩을 포장할 때는 꼬아도 구김이 별로 없는
소창 보자기를 활용하는 것이 좋습니다.

◆ 꾸밈 2

1   양단 조각보는 안쪽이 보이도록 마름모로 펼친 후에 중앙에 나무 상자를 놓습니다.

2   보자기 위아래의 귀를 당겨 상자를 덮어주세요.

3   위쪽 보자기는 중심에서 두 번 접어줍니다.

4   양쪽 귀를 중심으로 올려 잡은 다음

5   나비 모양으로 두 번 묶어주세요. 이때 보자기의 안쪽 색상이 보이도록 매만집니다.

◆ ◆ ◆

감사한 마음을 담아 드리는 봉투

◆ ◆ ◆

어버이날이나 명절에는 어른들께 현금을 드리곤 하지요. 당신이 쓰고 싶을 때 자유롭게 쓸 수 있어서 더 좋으시겠지, 하면서도 여간 마음이 쓰이는 게 아닙니다. 현금이나 상품권, 혹은 편지를 드릴 때 작은 보자기 한 장으로 정성을 더해보세요.

◇ **챙김**
실크 40×40cm, 봉투 18×10cm, 장식용 구슬끈

 도움 마음에 드는 봉투가 없을 때는 현금을 깨끗한 종이로 두른 다음 보자기로 포장하면 됩니다.

◆ **꾸밈**

1   보자기 매듭을 풀었을 때 봉투가 위치할 자리를 먼저 확인합니다.

2   봉투를 보자기의 아래쪽에 놓고 귀를 끌어올려 덮어주세요.

3   오른쪽 보자기를 봉투 옆선에 맞춰 접어줍니다.

4   왼쪽 보자기 끝을 살짝 접은 다음 봉투 위로 올려주세요.

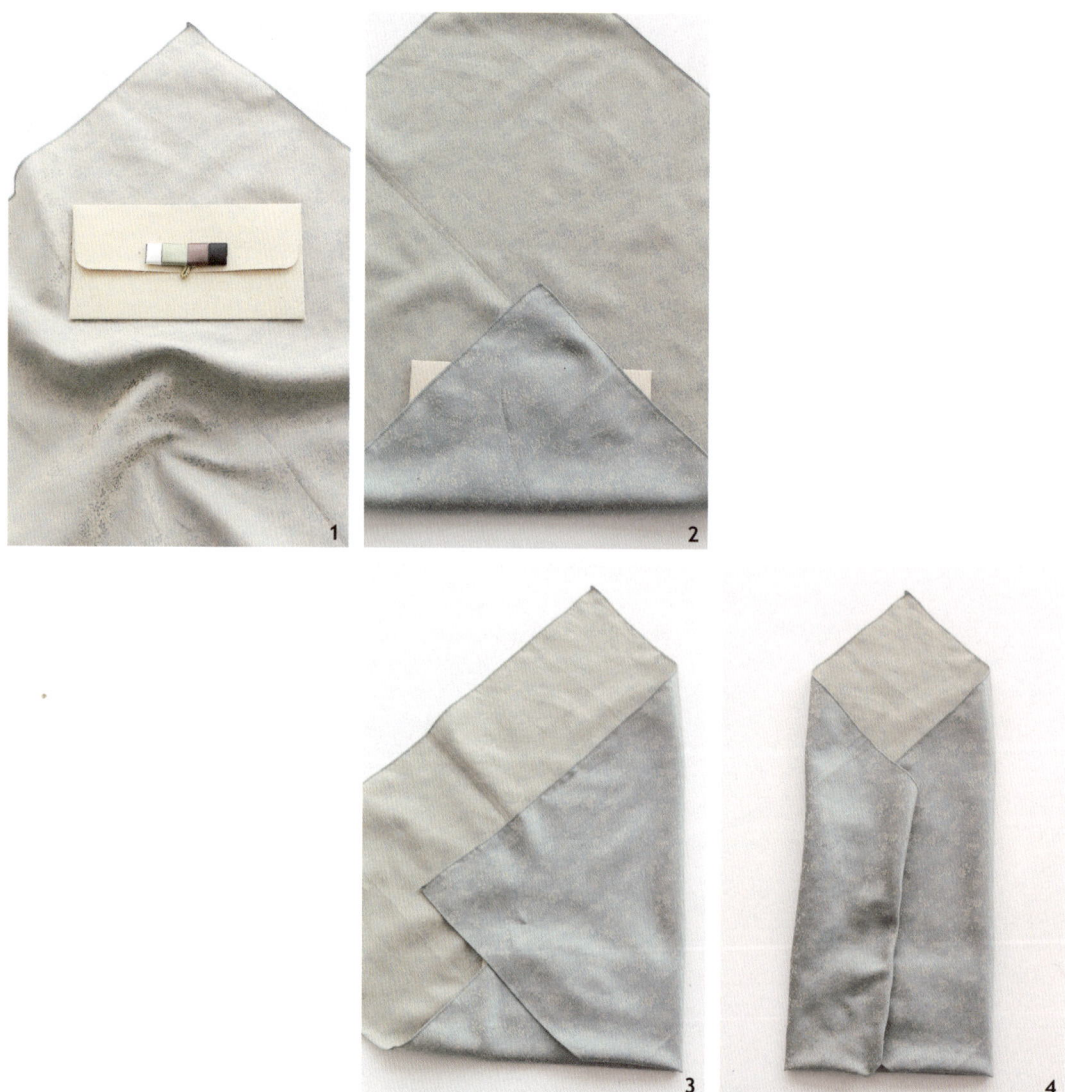

5 보자기에 감싸진 봉투를 위쪽으로 굴려주세요.

6 시작 위치에서 보자기 귀를 접어줍니다.

7 구슬 장식이 있는 끈으로 묶어 고정합니다.

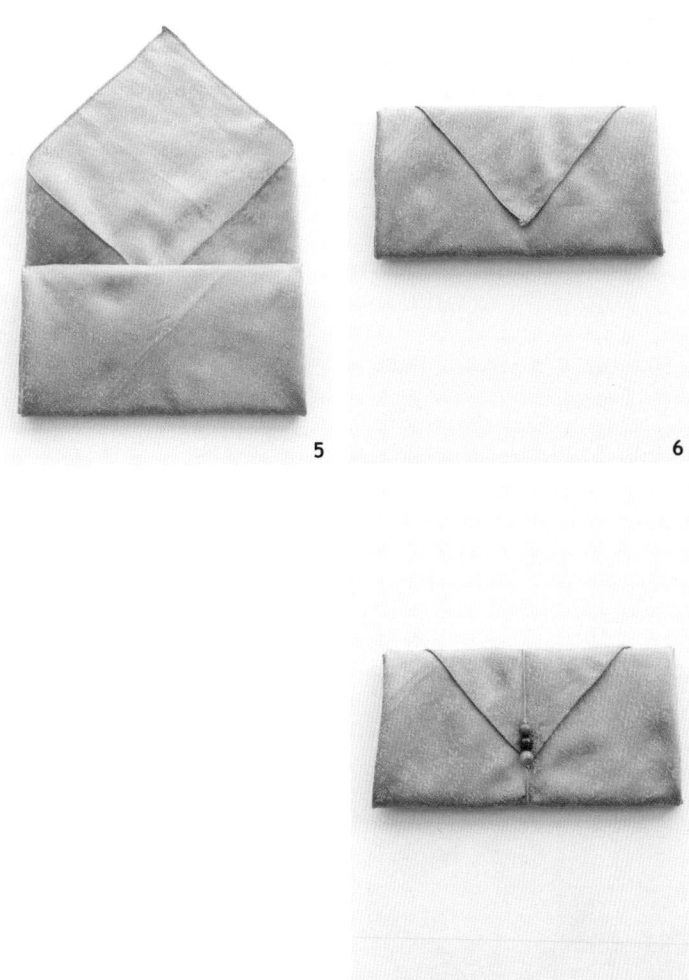

엄마를 위한 꽃박스

오랜만에 친정에 가면 못 보던 화분이 있고, 어떤 화분에서는 예쁜 꽃이 피어납니다. 시들어버린 식물도 엄마 손에 들어오면 다시 살아나곤 하지요. 원형 박스 속에 꽃을 잔뜩 꽂고, 분홍색 보자기로 장미매듭을 지어 꽃을 좋아하는 엄마를 위한 선물을 만들어봅니다.

◇ **챙김**

폴리 노방 90×90cm,

원형 박스 지름 20cm/높이 15cm,

고무줄 2개

1, 2   보자기를 마름모로 펼치고 꽃박스를 가운데 놓습니다.

3   위아래의 귀를 중심에서 손으로 잡고, 양옆을 차례로 올린 다음 고무줄로 단단히 고정해주세요.

4   주름을 일정하게 만들어줍니다.

5   4개의 귀를 하나씩 차례대로 주름을 잡아 한 손에 모아주세요.

6, 7   잘 잡은 주름을 한 방향으로 감아주며 동그란 모양을 만들어줍니다.

8, 9   단단히 감아준 후 고무줄로 한 번 더 고정해주세요.

6

7

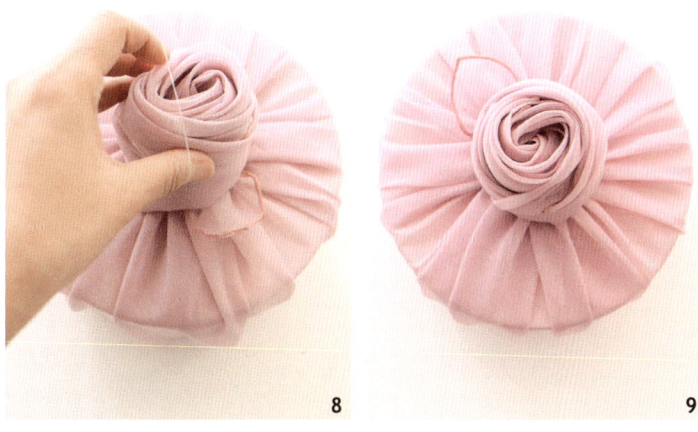

8

9

 보자기의 가장자리를 도드라지는 색으로 작업해보세요.

한 소쿠리 가득한 추석

웃음소리, 야단치는 소리가 함께 어우러졌던 시끌벅적한 추석. 문득 그 시끄럽고 부산스러웠던 어린 시절이 그리워져서 오랜만에 알록달록한 송편을 빚었습니다. 색이 예쁜 송편을 대나무로 만든 동그란 석작에 층층이 담고, 꽃자수가 놓인 광목 보자기로 포장해서 추석의 풍요로움을 나눠봅니다.

◇ **챙김**

순면 자수 90×90cm,

원형 석작 지름 22cm/높이 10cm,

고무줄, 장식용 식물

도움 꽃들이 작게 수놓아진 광목 보자기는
포장하고 나면 조금 예스러운 느낌이
듭니다. 보자기를 제작할 때는 구성품
과의 어울림을 고려해주세요.

◆ 꾸밈

1 송편이 들어 있는 원형 석
   작을 마름모로 펼친 보자
   기 위에 놓아주세요.

2 4개의 귀를 석작의 중심
   에서 모아 잡은 후 주름을
   고르게 만들어 고무줄로
   단단히 고정해줍니다.

3 보자기의 귀를 2개씩 짝
지어 한쪽 방향으로 꼬아
주세요. 가장자리가 빠져
나오지 않도록 잘 고정해
줍니다.

4 남은 2개의 귀도 같은 방
향으로 꼬아주세요. 먼저
꼬아준 귀의 아래쪽으로
감아줍니다.

5 처음에 묶었던 고무줄 사
이로 꼬아준 부분을 넣어
주세요.

6 귀를 모두 넣어주거나 살
짝 1, 2개를 나오게 해주
면 색다른 연출이 가능합
니다.

♦ ♦ ♦

직접 만들어 더 의미 있는 선물

♦ ♦ ♦

반건시는 그냥 먹어도 맛있지만 호두를 넣어 곶감말이를 만들어두면 입이 궁금할 때 찾게 됩니다. 씨를 빼내고 속살을 정리한 반건시 안에, 끓는 물에 살짝 데쳐 불순물을 제거한 호두를 넣고 돌돌 말아주세요. 냉동실에 넣었다가 썰어 예쁜 그릇에 담으면 쌉싸름한 녹차와도, 향이 좋은 커피와도 잘 어울리는 훌륭한 간식이 됩니다.

◇ **챙김**
    염색한 소창 48×48cm, 도자기 트레이 17×17×4cm, 도자기 포장용 매듭, 장식용 식물

 도움   염색은 심심한 보자기에 새로운 느낌을 주는 아주 좋은 방법입니다.

◆ 꾸밈

1. 마름모로 펼친 보자기 위에 도자기 트레이를 올린 후 아래쪽 귀로 덮어줍니다.

2. 양옆 보자기 귀를 두 번 묶어 고정해주세요.

3. 묶은 보자기 끝을 매듭 안쪽으로 넣어 보이지 않게 매만집니다.

4. 반대편도 똑같이 넣어주세요.

5   위쪽 귀를 당겨 매듭 안쪽으로 말아 넣어주세요.

6   장식용 식물이나 태그로 장식하면 포장이 완성됩니다.

나누면 행복해지는 수제 과일청

매실과 모과가 나오는 시기가 되면 엄마는 어마어마한 양의 매실청과 모과청을 만들어 항아리에 넣고 2년 정도 숙성한 뒤 주변 분들에게 나누어줍니다. 엄마가 만든 청은 나물을 무칠 때, 김치를 담글 때 단맛을 내주고, 여름엔 시원한 음료로 마시기 좋아서 친정에 가면 매번 챙겨옵니다. 엄마와 함께 담근 모과청, 매실청이 잘 숙성되어 스윙병에 담아 리넨 보자기로 포장해보았습니다.

◇ **챙김**
  리넨100% 67×67cm, 스윙병 2개 지름 6cm/높이 26cm,
  장식용 띠지

THANK YOU

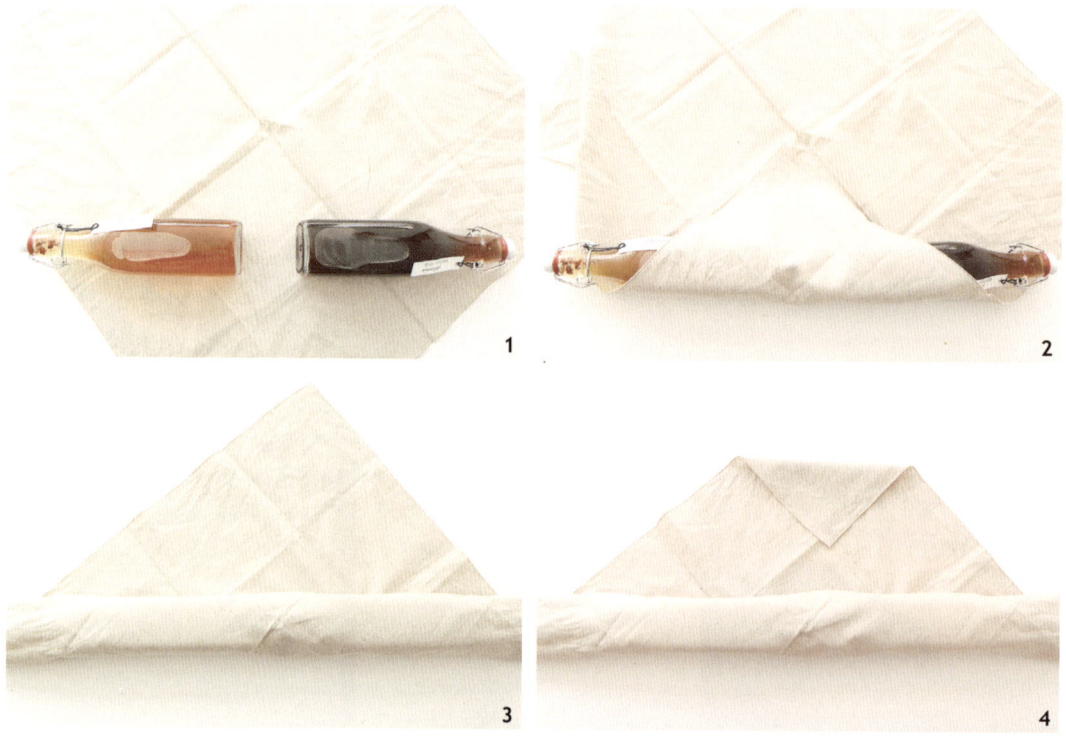

◆ 꾸밈

1. 마름모로 펼친 보자기의 아래쪽에 스윙병 2개를 밑면이 마주 보게 눕혀주세요. 이때 두 병의 사이는 밑지름에 1cm를 더한 간격입니다.

2. 아래쪽 보자기로 병을 덮어주세요.

3. 스윙병 2개를 보자기의 위쪽으로 나란히 굴리다가 중심선을 넘으면 정지합니다.

4. 위쪽의 보자기를 삼각형으로 접어주세요.

5 위쪽에 접힌 보자기를 나란히 놓인 병 위로 올려준 다음

6 두 병을 일으켜 세웁니다.

7 가운데 사선 모양이 일치하도록 정렬하고 위쪽 보자기 귀를 나비매듭으로 마감해줍니다.

크리스마스 쿠키

크리스마스가 다가오면 동생들과 집 안 곳곳을 반짝이로 장식해놓고 어서 빨리 밤이 오기를 기다렸습니다. 이불 속에 들어가 눈만 감고 자는 척하다가 깜빡 잠이 들면, 이른 아침 벌떡 일어나 머리맡에 놓인 선물부터 확인했지요. 그런 설레고 가슴 뛰는 추억으로 채워진 날들을 떠올리며 쿠키를 굽고 보자기로 띠지처럼 포장해서 캐릭터 핀으로 장식해보았습니다.

◇ **챙김**

공단 47×47cm, 쿠키 상자 16.5×16.5×7cm,

캐릭터 핀

◆ 꾸밈 1

1   마름모로 펼친 보자기의 아랫부분을 중앙으로 올려줍니다.

2   위쪽 보자기도 중심을 향해 접어줍니다.

3   위아래 보자기의 간격을 일정하게 맞춰주세요.

4   보자기로 만든 띠의 중심에 상자를 올린 다음

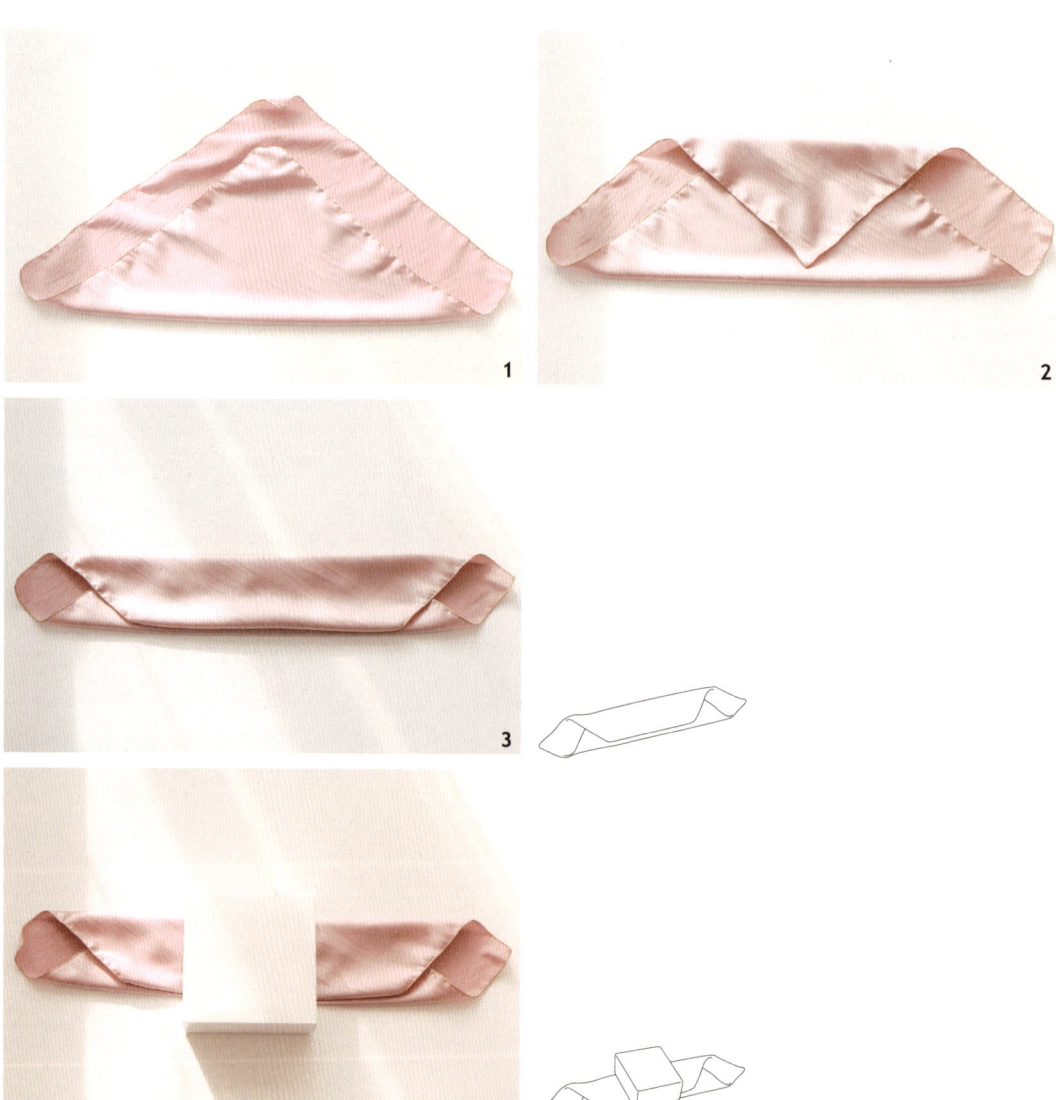

5 두 번 묶어 나비매듭으로 완성해줍니다.

6 매듭 중앙을 캐릭터 핀으로 장식해주세요.

◆ 꾸밈 2

원통의 상자일 경우, 원통의 지름보다 좁게 띠를 만들어 완성하면 됩니다.

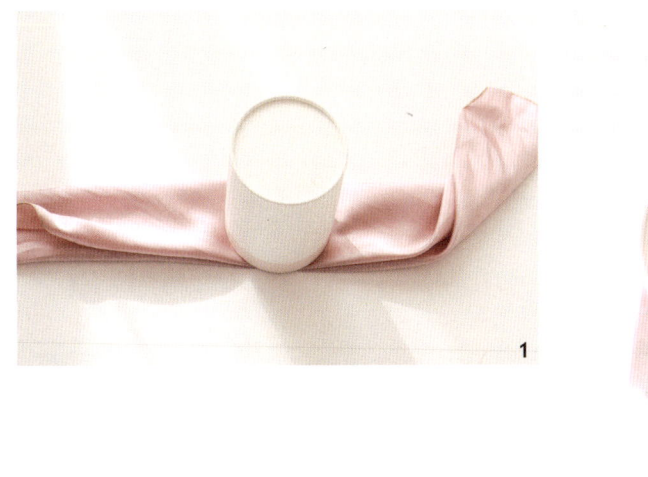

♦ ♦ ♦
설렘으로 남은 첫 인형
♦ ♦ ♦

남자애들이 가지고 놀던 장난감이 익숙했던 저에게 이모가 사준 바비 인형은 아주 귀한 선물이었습니다. 인형의 옷을 만들어 입히고 파마를 해준다고 머리카락을 홀랑 태워먹었던 기억이 아직까지 생생합니다. 조카에게도 이런 설렘을 선물하고 싶은 마음에 전처리를 한 순면 보자기 위에 크리스마스 이미지를 물감으로 그려넣고 다리미로 꾹 눌러 만든 보자기로 인형을 포장했습니다. 오랫동안 들고 다녀 꼬질꼬질하고 군데군데 이어붙인 흔적도 많은 애착인형이 되었으면 좋겠습니다.

◇ **챙김**
  14수 면100% 80×80cm, 인형 몸통 22cm/높이 30cm

◆ 꾸밈

1   마름모로 펼친 보자기 위쪽에 인형을 놓아주세요.

2   보자기를 반으로 접듯이 위로 올려 인형을 덮어줍니다.

3   양옆의 귀를 가운데로 모아서 두 번 매듭을 짓습니다.

4   위에서 만난 두 귀도 나비매듭으로 마무리해주세요.

5   밖으로 빠져나온 인형의 귀를 매듭 양옆으로 균일하게 빼내줍니다.

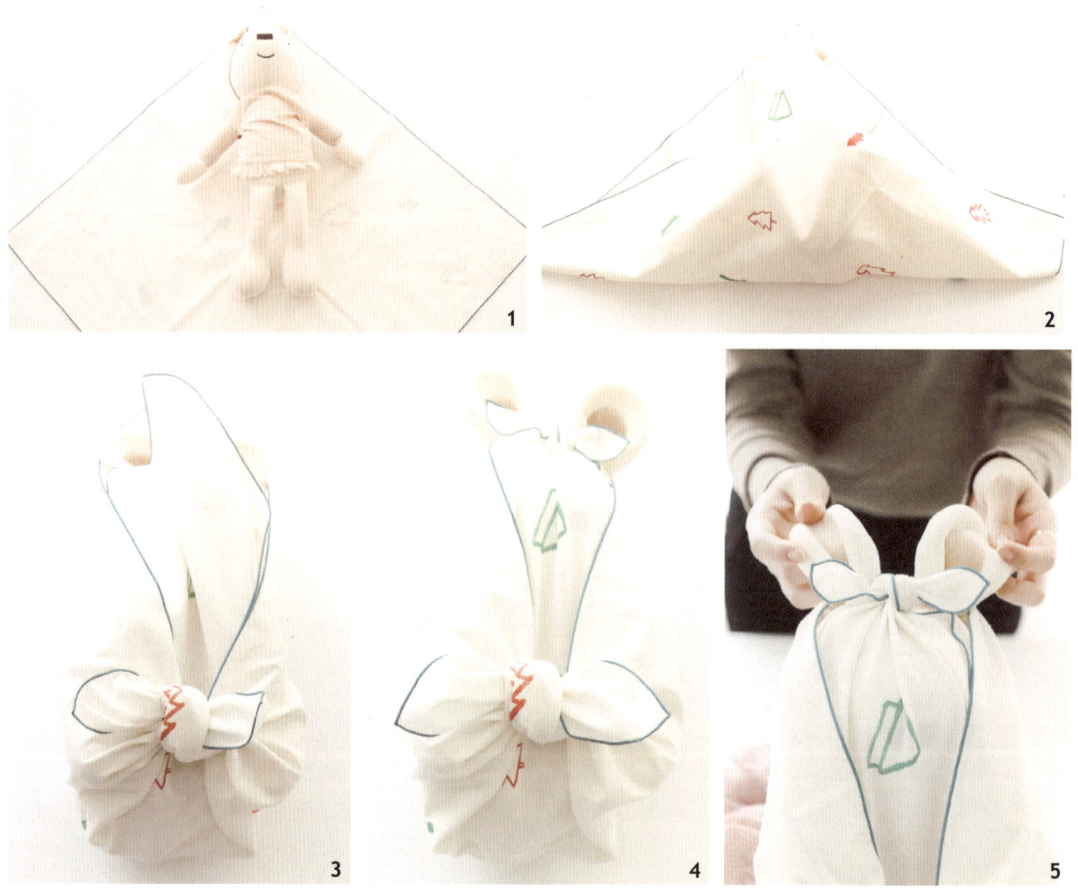

도움   보자기가 클 경우엔 인형의 귀를 모두 감싸서 포장해주세요.

◆ ◆ ◆

모임에 어울리는 와인

◆ ◆ ◆

연말이 되면 부담 없이 주고받기 좋은 선물이 와인입니다. 시트러스한 풍미가 가득한 와인부터 상큼한 스파클링 와인까지 이것저것 고르는 재미가 쏠쏠하지요. 모임이 많은 연말, 상황에 맞는 와인을 골라 멋진 포장으로 감각을 더해보세요.

◇ 챙김

공단 47×47cm, 와인병 지름 7cm/높이 30cm, 고무줄

◆ 꾸밈

1. 보자기를 마름모로 펼치고 중심에 와인병을 세워줍니다.

2. 보자기의 위아래를 병의 입구 쪽으로 끌어올려 고무줄로 묶어주세요.

3. 와인병을 눕힌 다음 양옆의 귀를 X자로 교차해줍니다.

4. 와인병을 뒤집어 앞면에서 매듭을 짓고 위쪽 고무줄을 빼낸 다음 나비 모양으로 묶어주세요.

5. 와인병을 바로 세워 아래쪽 매듭을 한 번 더 지어주면 완성입니다.

5

 와인병의 위아래 매듭을 같은 방향으로 묶어주세요. 매듭이
크게 만들어질 경우, 양쪽을 꼬아서 손잡이 형태로 만들어
줘도 됩니다.

◆ ◆ ◆

달콤해서 좋은 마카롱

◆ ◆ ◆

동글동글 귀여운 모양, 겉은 바삭하고 속은 촉촉한 식감에 자꾸만 손이 가는 마카롱. 따듯한 차에 마카롱을 곁들이면 잔뜩 웅크린 겨울날에도 이른 봄의 상큼함이 느껴집니다. 입안에서부터 머릿속으로 퍼져 나가는 달콤함을 보드라운 보자기로 포장해보았습니다.

◇ **챙김**

공단 47×47cm, 마카롱 상자 23×7×5cm

 도움   뒤집어서 포장을 시작하므로 내용물이 흐트러지지 않는 물건을 준비해주세요.

◆ 꾸밈

1   마카롱이 들어 있는 상자를 뒤집어 보자기의 중심에 올려주세요.

2   위아래 귀로 상자를 덮어줍니다.

3   위쪽 귀를 살짝 접어주세요.

4   양쪽 귀를 X자로 교차하여 앞면으로 감으면서 상자를 뒤집어주세요.

5   상자의 중앙에서 두 번 매듭을 지으면 완성입니다.

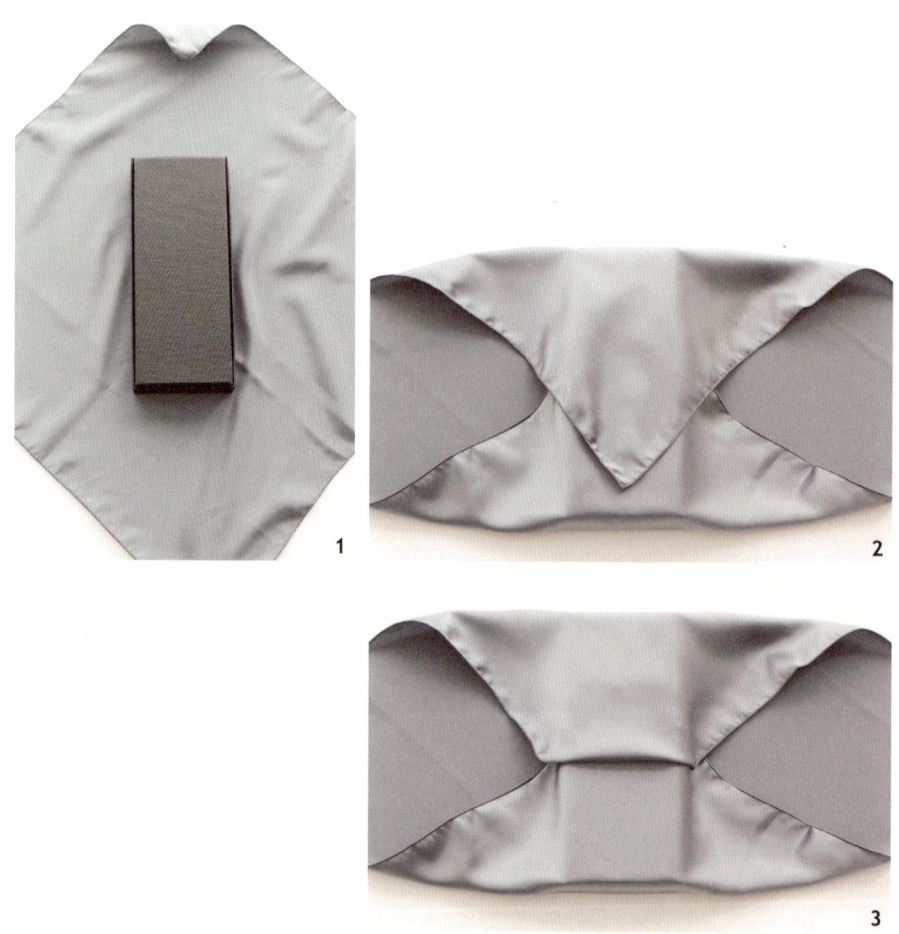

4

5

앞

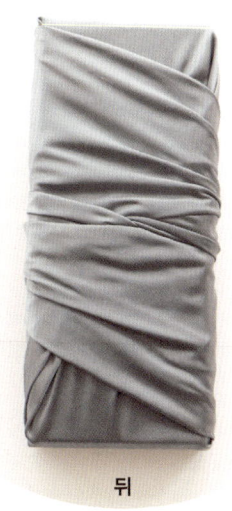

뒤

◆◆◆

마음속까지 따듯해지는 연근차

◆◆◆

겨울이면 유난히 추위를 타는 저에게 친구가 몸이 따듯해진다며 연근차를 선물해주었습니다. 커피가 익숙해서인지 특별한 맛을 모르다가 입안에 감도는 은은한 향 때문에 곁에 두고 자주 마시고 있답니다. 친구의 따듯한 마음이 연근차처럼 은은하게 배어 나와, 겨울이 되면 은근히 기다리게 됩니다. 추운 겨울에 호호 불며 마실 수 있는 따듯한 마음을 선물해보는 건 어떨까요?

◇ **챙김**
모직 65×65cm, 상자 23×10×8cm, 엽서

 도움 얇게 썬 연근을 차가운 물에 헹구고 건조기에서 15시간을 말려 기름 없는 팬에 볶은 다음 식히는 과정을 5회 이상 반복해주세요. 그리고 한 번 마실 양만큼 비닐팩에 담아 보관하면 집에서도 언제든지 연근차를 즐길 수 있습니다.

◆ 꾸밈

1   마름모로 펼친 보자기의 윗부분에 직사각형 상자를 가로로 놓고 위치를 잡아봅니다.

2   상자를 보자기 아랫부분으로 굴려 뒷면이 위를 바라보는 지점에서 아래쪽 귀를 올려줍니다.

3   오른쪽 귀를 상자 위로 올리고 옆면의 보자기가 직각이 되도록 고정해주세요.

4   상자의 옆면을 세워 바닥에 대고 보자기를 정리합니다.

5 상자를 위로 굴리듯 눕혀주세요.

6 위에 남아 있던 보자기의 끝을 잡고 당기듯이 상자 위로 올려줍니다.

7 위쪽 귀를 조심스럽게 잡아주세요.

8 왼쪽의 귀와 맞잡아 나비매듭으로 완성합니다.

◆◆◆

우리의 행복했던 열두 달, 함께해서 고마워

◆◆◆

때가 되면 스마트폰 알람이 일정을 정확하게 알려주지만, 달력은 한 장 한 장 넘기며 동그라미와 별표로 기념일을 표시하는 나만의 즐거운 연말행사(?)를 할 수 있습니다. 한 해 동안 친구들과 함께한 사진을 모아 새해 달력을 만들어보았습니다. 짧은 여행에서 속 깊은 얘기를 나눴던 추억, 어느 날 갑자기 예쁘다고 보내온 눈 쌓인 감나무 사진, 몰래 찍은 친구의 모습까지. 우리의 한 해가 꽉 담겨진, 세상에 딱 세 권밖에 없는 추억의 달력입니다.

◇ **챙김**

프린트된 순면 57×57cm, 달력 21×23×1cm

◆ **꾸밈**

1 마름모로 펼친 보자기 위에 달력을 놓아주세요.

2 양옆의 보자기 귀를 한 번 묶어줍니다.

3 남은 귀의 한쪽을 매듭 사이로 통과해주세요.

4 마주 보는 두 귀를 동일한 크기로 매만집니다.

5   나머지 귀도 매듭 사이로 통과하여 제자리로 빼내주세요.

6   각각의 귀가 만들어집니다.

7   마주 보는 두 귀를 잡아 한 번씩 묶어주세요. 이때 매듭의 방향은 사선입니다.

8   나비매듭으로 한 번 더 묶어주면 완성입니다.

다섯,

특별한 어떤 하루

100일을 기념하다

아이가 태어난 지 100일 된 날에 장수를 기원하고, 무탈하게 자라기를 바라는 마음으로 100명에게 떡을
나누어주었다고 하지요. 작은 바구니 안에 유산지를 깔고, 갓 쪄낸 따끈따끈한 백설기를 가득 담아, 축하
해주시는 분들께 드릴 떡을 포장해봅니다.

◇ **챙김**

면 리넨 혼방 45×45cm, 원형 바구니 지름 10cm/높이 12cm,
고무줄, 장식용 태슬

◆ **꾸밈**

1 마름모로 펼친 보자기의 중앙에 떡이 담긴 바구니를 올려줍니다.

2 보자기의 위아래 귀를 맞잡아주세요.

3 양옆의 귀도 중심에서 모아 잡고 고무줄로 단단히 고정합니다.

4 4개의 귀를 고무줄 사이로 통과해주세요.

5   보자기 끝을 동서남북 방향으로 펼쳐줍니다.

6   꽃봉오리 부분은 동그랗고 풍성하게 정리해주세요. 모서리 사이사이를 연결해주는 게 포인트입니다.

7   태슬로 마무리해주면 완성입니다.

 양면으로 포장할 경우엔 안쪽의 색상이 밖으로 보이도록 정리해주세요.
꽃은 위에서 보았을 때 동그란 모양으로 매만집니다.

초보엄마가 준비하는 답례품

첫아이일 경우 엄마도 초보인지라 모든 과정이 서툴기만 하지요. 조금 부족한 듯해도 내 아이의 첫 생일을
축하해주는 분들을 위해 답례품을 직접 포장해보세요.

◇ **챙김**

30수 면 슬러브 50×50cm, 투명 쿠키 상자 9.5×9.5×9.5cm, 왁스끈, 돌태그

◆ 꾸밈

1   마름모로 펼친 보자기에 상자를 올려놓고, 네 귀를 들어서 중심을 맞춘 다음 다시 펼쳐주세요.

2   한쪽 보자기로 상자를 덮고, 반대편 보자기를 살짝 접어서 상자 위로 올려주세요.

3   양옆의 귀를 상자의 중앙에서 맞잡아줍니다.

4   한쪽 귀를 중앙에서 잡고, 나머지 귀를 360도로 돌려서 매듭을 통과하여 빼내주세요.

5   남은 귀도 같은 방향으로 감아 매듭의 아래에서 위로 올려줍니다. 두 귀를 위쪽으로 단단히 끌어올려 매듭지은 부분이 뜨지 않도록 해주세요.

6, 7   준비한 왁스끈으로 한 번 묶고, 태그를 넣어 리본매듭으로 완성합니다.

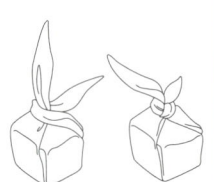

 감아주는 매듭 기법이라서 조금 큰 보자기를 준비하는 게 좋습니다. 양면 보자기보다는 단면 보자기가 적당하고, 30수 이상의 얇은 보자기로 매듭지을 때 예쁘게 완성됩니다.

너의 출발을 축하해

고등학교를 졸업할 때 레이스가 들어간 속옷 세트를 선물받았습니다. 실용적인 엄마의 선물과는 다르게 이모의 선물에서는 여성스러움이 느껴졌지요. 성인이 된 조카에게, 소녀티를 벗은 딸에게 예쁜 속옷을 선물해보세요. 상자 속 선물이 뭘까, 궁금해하기를 바라며 살짝 비치는 분홍 보자기로 포장해보았습니다.

◇ **챙김**

  폴리 노방 80×80cm, 상자 22×17×10cm

◆ **꾸밈**

  1 마름모로 펼친 보자기 위에 상자를 가로로 길게 놓아주세요.

  2 양옆의 귀를 중심에서 한 번 묶어줍니다.

  3 남은 두 귀도 한 번 묶어주세요.

4 4개의 귀를 한 방향으로 돌려가며 가운데 매듭이 우물정(井) 자가 되도록 엮어줍니다.

5   같은 방법으로 한 번 더 엮어주세요.

6   상자 안쪽으로 4개의 귀가 위치하면 완성입니다.

5-1 5-2 6

 상자보다 보자기가 클 경우에는 여러 번 엮어주면서
귀의 크기를 조정해주세요.

처음을 시작하는 당신에게

한동안 전통 디저트를 만들어 선물하곤 했는데, 그때의 관심사는 온통 예쁜 그릇이었습니다. 음식을 더욱 빛나게 해주는 그릇은 또 하나의 수집 취미가 되었지요. 정성으로 만든 송편과 백설기를 더욱 빛내줄 작은 그릇을 포장해보았습니다.

◇ **챙김 1**

순면 누비(3mm) 30×30cm, 끈 70cm, 접시 지름 13cm/높이 3cm

 보호와 보온의 역할을 하는 누비 원단은 그릇처럼 깨지기 쉬운 선물을 포장하기에 적합합니다. 조선 시대에도 맛 보자기라는 이름으로 음식을 포장했던 소재입니다. 두께가 있으므로 묶거나 엮어주는 매듭보다는 접는 포장법이 잘 어울립니다.

◆ **꾸밈**

1 끈이 달린 귀 부분을 옆쪽으로 보자기의 위치를 잡아주세요.

2 위쪽 귀를 접시의 중심으로 끌어올립니다.

3 각 방향에서 중심을 향해 보자기를 접어줍니다.

4 접히는 부분의 간격을 일정하게 맞춰주세요.

5 마지막으로 끈이 부착되어 있는 부분을 주름 위로 덮어줍니다.

6 보자기가 뜨지 않도록 리본으로 묶어 고정해주세요.

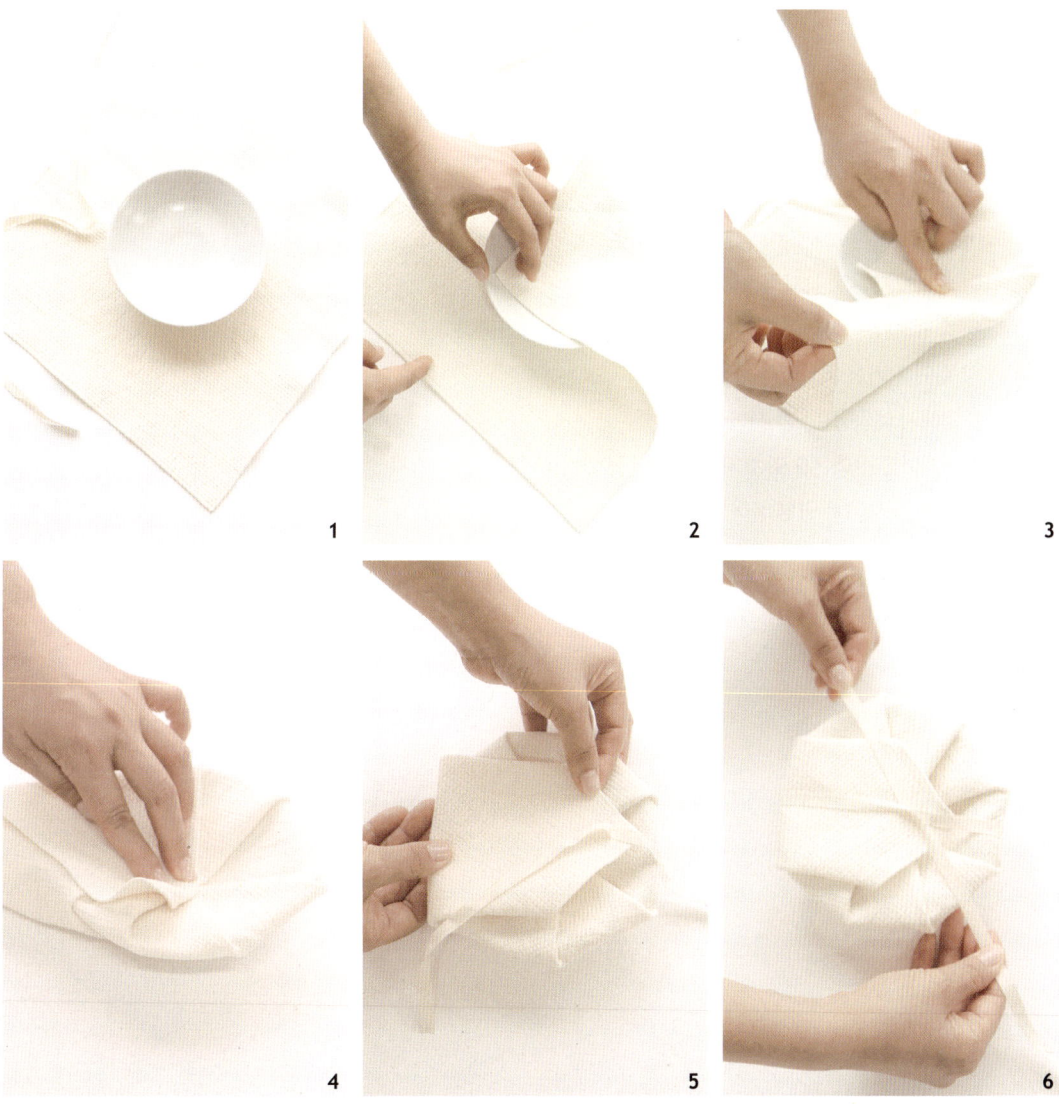

◇ **챙김 2**

순면 멜란지 90×90cm, 상자 28×15×7cm

◆ **꾸밈**

1   마름모로 펼친 보자기에 상자를 올립니다.

2   아래쪽 보자기로 상자를 감아주세요.

3   위쪽 보자기는 상자의 가운데로 오도록 두세 번 접어줍니다.

4   양쪽 귀를 가운데로 끌어올립니다.

5   중앙에서 매듭을 한 번 지어주세요.

6   매듭지어진 반대편으로 보자기를 감아줍니다. 이때 매듭이 뜨지 않도록 단단히 감아주세요.

7   묶인 매듭 사이로 귀를 넣어 마감합니다.

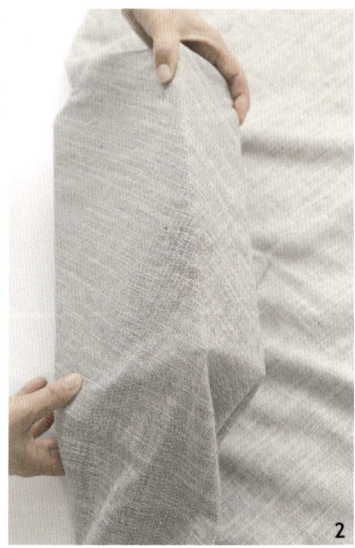

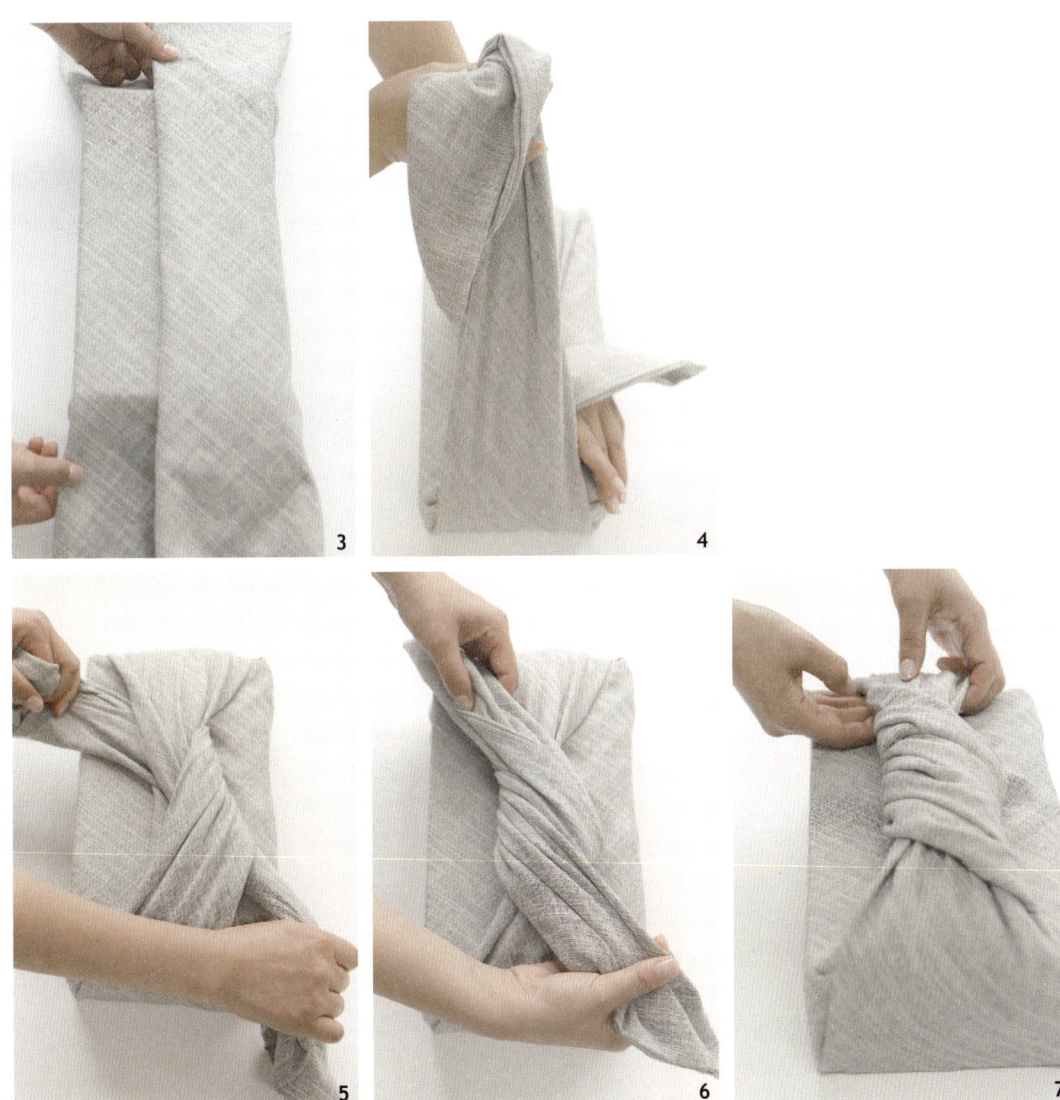

설레는 첫인사

결혼 전 정성 가득 준비한 선물과 한 자 한 자 써내려간 편지로 양가 어른들께 마음을 전하는 일. 최근엔 간소한 예식문화가 자리를 잡으면서 예단이나 예물을 생략하고 가볍게 인사를 드리기도 하지요. 기쁘고 즐거운 일에 좋은 일만 생기라고 팥이 들어간 홍주머니, 찹쌀을 넣은 청주머니도 함께 패브릭함에 넣어 준비한 후 색감이 고운 본견을 양면 보자기로 만들어 포장했습니다. 보통 예단을 준비할 때 신부는 푸른색 계열, 신랑은 붉은색 계열의 보자기를 준비해서 포장합니다. 요즘은 받는 분의 취향을 고려해서 선택하기도 하니, 준비한 선물과 잘 어울리는 색상으로 보자기를 선택해보세요.

◇ **챙김**
　본견 양면 75×75cm,
　패브릭함 24×16cm×5cm, 장식용 뒤꽂이

◆ **꾸밈**

1   보자기의 중심에 상자를 올리고, 양옆의 귀를 한 번 묶어줍니다.

2   반대편의 귀도 한 번 묶어서 상자의 네 모서리 부분에 보자기의 귀가 위치하도록 해주세요. 이때 네 귀의 색상은 겉면과 동일해야 합니다.

3   아래쪽 귀를 올리고 위쪽 귀를 옆으로 접으면서 한 방향으로 계속 엮어갑니다.

4   마지막 귀는 첫 번째 매듭 사이로 넣어서 고정해주세요.

5   상자의 네 면으로 귀가 나오도록 매만집니다.

6 매듭의 사이로 귀를 잡아서 넣어주세요. 이때 주름을 균일하게 잡아주고, 매듭이 빠지지 않도록 단단히 고정합니다.

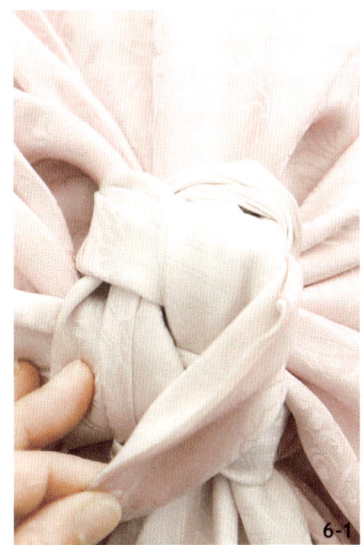
6-1

6-2

 양면 보자기로 포장할 경우, 다른 매듭에 비해 보자기를 큼직하게 준비해주세요. 보통 상자의 가로, 세로, 높이의 총합에서 30cm 이상 여유를 주어 제작합니다. 엮는 매듭의 특성상 풀리지 않도록 잘 엮어주는 게 포인트입니다.

부엌일이 즐거워지는 살림살이

후배의 결혼 소식에 어떤 선물이 좋을까 고민하다가 살림살이 몇 가지를 준비했습니다. 서툰 살림이 아기
자기한 도구로 익숙해져서 재미를 붙이기를 바라며 쓰임 좋은 리넨 보자기에 포장을 했습니다. 설거지할
때마다 상차림할 때마다 기억될, 집안일이 즐거워지는 살림살이를 선물해보세요.

◇ **챙김**

리넨100% 70×70m, 직사각형 상자 28×22×6cm

 얇은 리넨 소재는 물에 닿았을 경우, 빨리 말라서 여름철에 사용하기 좋습니다. 크기가 큰 것은 수건으로, 작은 것은 행주로 만들어 바구니에 담아두고 사용해보세요.

◆ 꾸밈

1 보자기를 마름모로 펼친 후 상자를 옆으로 길게 놓아줍니다.

2 양옆의 귀를 끌어올려 두 번 묶어주세요. 이때 나비 모양은 옆으로 위치하도록 합니다.

3 아래쪽 귀를 매듭 아래로 통과해서 매듭 위로 감아주세요.

4 남은 위쪽 귀도 매듭 아래로 통과하여 같은 방법으로 감아주면 완성입니다.

귀여운 조카를 위한 우드모빌

나무를 하나하나 깎아 만든 모빌을 본 순간, 오랜 기다림 끝에 아이엄마가 된 후배가 떠올랐습니다. 바람에 살랑살랑 날리는 우드모빌을 보며 까르륵거릴 꼬마가 생각나서 보자기 포장을 하는 동안 이리저리 흔들어보기도 하고, 혼자서 배시시 웃어보기도 했습니다.

◇ **챙김**

20수 순면 옥스퍼드 50×50cm, 상자 9.5×9.5×12cm

 태슬이나 방울이 있는 보자기로 포장할 경우, 높은 상자
가 잘 어울립니다. 선물과 크기가 맞지 않으면 습자지와
같은 완충재를 깔아주세요.

◆ **꾸밈**

1 　태슬로 장식한 보자기를 마름모로 펼친 다음, 우드모빌을 넣은 상자를 중앙에 놓아줍니다.

2 　보자기의 양옆을 상자 위에서 나비 모양으로 두 번 매듭을 지어주세요.

3 　매듭짓기 편하게 상자를 돌려 태슬이 달린 양쪽 귀를 나비매듭으로 두 번 완성합니다.

4 　4개의 귀가 동일한 크기가 되도록 매만져주세요.

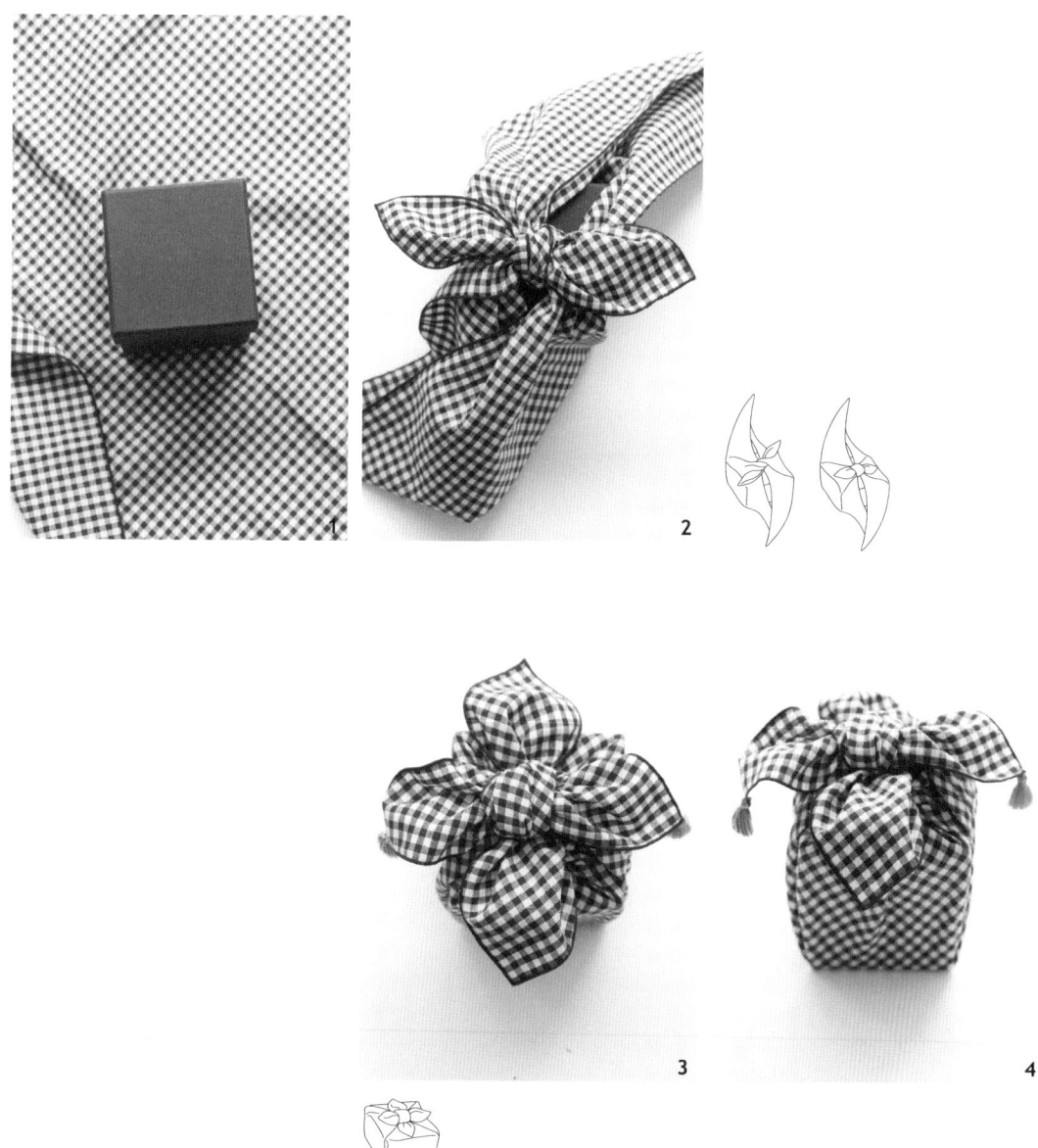

엄마와 나의 떡 취향

떡을 배우기 시작하면서 가장 먼저 만들어보고 싶었던 인절미. 쫄깃한 식감도 좋아하지만, 인절미는 역시 고소한 콩고물이죠. 어린 시절, 엄마가 집에서 인절미를 만들 때면 옆에 딱 붙어서 떡을 썰기가 무섭게 콩고물을 잔뜩 묻혀서 먹었답니다. 인절미는 생각보다 만들기가 쉽습니다. 하얀 찹쌀가루를 찜기에 쪄서 찰기가 생기도록 방망이로 쳐준 다음 콩고물로 버무립니다. 항아리 가득 콩고물을 넣어 인절미와 잘 섞어주고 색감이 고운 보자기로 매듭을 지어 엄마의 생신떡을 준비해봅니다.

 보자기의 크기가 넉넉하면 꽃 모양이 풍성해집니다. 크기가 작을 경
우엔 일반 수국매듭을, 클 경우엔 2단 수국매듭을 만들어줍니다.

◇ **챙김 1**

은주사 화섬 55×55cm, 항아리 지름 15cm/높이 10cm,

고무줄 2개

◆ **꾸밈**

1 마름모로 펼친 보자기의 중심에 항아리를 올려주세요.

2 보자기의 위아래, 양옆을 차례로 잡아서 고무줄로 단단히 고정합니다.

3 중간 부분에 있는 보자기를 동그랗게 말아서 다른 고무줄로 고정합니다.

4 두 번째로 고정한 고무줄 사이로 4개의 귀를 하나씩 통과하여 모양을 잡아주세요. 이때 말아넣은 매듭이 보이지 않도록 꼼꼼하게 정리해줍니다.

5 잎사귀 모양의 귀 4개는 크기를 동일하게 정리해주고 1단, 2단에 있는 꽃 모양도 동그랗고 봉긋하게 마무리해주세요.

 서로 다른 배색은 화려하고 강렬한 분위기를 연출할 수 있습니다.
비침이 있는 원단을 안쪽에 사용하면 멋스러운 연출이 가능합니다.

◇ **챙김 2**

　　실크 48×48cm, 크리스털 50×50cm,

　　항아리 지름 15cm/높이 10cm, 고무줄

◆ **꾸밈**

1 크기가 같거나 다른, 색감이 잘 어울리는 보자기 2장을 준비합니다.

2 보자기 2장의 귀를 모두 잡은 다음, 고무줄로 단단히 고정해주세요.

3 안쪽 보자기와 바깥쪽 보자기를 서로 분리해주세요.

4 안쪽 보자기의 귀를 하나씩 중심의 고무줄 속으로 넣어줍니다. 이때 빠지지 않도록 깊숙이 넣어주세요.

5 바깥쪽 보자기의 귀 4개를 고무줄 사이로 하나씩 넣어 동서남북 방향으로 정리하면 완성입니다.

오래도록 건강하세요

생일잔치에 국수를 내놓는 건 국수의 긴 가락처럼 오래오래 삶을 이어가라는 의미입니다. 조각조각 이어서 만든 조각보의 장수, 건강의 의미가 국수를 만나 의미가 더해지기도 하지요. 어른들이 참석하는 잔치에서 보자기의 색상은 하양, 검정은 피하는 게 좋고, 매듭법은 차분하고 정중하게 표현해주세요.

◇ **챙김**
슬러브 양면 60×60cm, 국수 상자 25×15×4cm,
장식용 구슬

◆ 꾸밈

1 마름모로 펼친 보자기 위에 상자를 올려주세요. 준비한 보자기가 작을 경우, 상자를 아래쪽으로 살짝 내
   려서 시작합니다.

2 보자기의 아랫면과 윗면을 상자 위로 올려주세요.

3 윗면의 양쪽 모서리 부분을 살짝 접어줍니다.

4 보자기의 양옆을 상자의 중앙에서 두 번 묶어주세요.

5 묶은 매듭이 클 경우에는 매듭 사이로 보자기 귀를 넣어줍니다.

6 미리 접어두었던 윗면의 귀를 원하는 크기로 만들어주세요. 이때 앞으로 당기면서 크기 조정을 해주어야
   보자기가 헐렁해지지 않습니다.

7 보자기를 아래에서 위로 감싸서 매듭 사이로 넣어주고, 보이지 않도록 마무리해주세요.

4

5

6

7

상자의 높이가 낮으면 옆면이 볼록해지거나 보자기가 헐렁해지는 경우가 많은데, 이 매듭은 깔끔하게 마무리되어 낮은 상자나 긴 상자에 적합합니다. 중앙에 만들어지는 손잡이 형태의 매듭 크기는 상자 가로면의 50~60%가 적당합니다. 매듭의 크기가 클 경우, 포장이 답답해 보입니다.

날마다
보자기
포   장

초판 1쇄 발행 2020년 6월 30일
초판 3쇄 발행 2024년 9월 10일

지은이   박진숙(제이홈)

펴낸이   이희석
펴낸곳   (주)제이에스어소시에이츠
등록   2007년 11월 06일 제2007-000179호
주소   (06614) 서울특별시 서초구 강남대로 423
전화   02-3482-2767
팩스   02-3481-2719
이메일   jsbookgold@naver.com
블로그   blog.naver.com/jaeseungbook
ISBN   979-11-88352-35-7   13630

값 20,000원
잘못된 책은 구입처에서 바꾸어 드립니다.

(주)재승출판에서 (주)제이에스어소시에이츠로 출판사의 이름을 변경하여 새롭게 시작합니다.

기획·편집 이태정 | 디자인 위미경 | 일러스트 윤채연